Martin Kluger

DIE RÖMER

zwischen Alpenrand und Limesland

Die römische Provinz Raetien:
Keimzelle des Kulturlandes Bayern

context verlag
Augsburg | Nürnberg
www.context-mv.de

Martin Kluger

DIE RÖMER

zwischen Alpenrand und Limesland

Die römische Provinz Raetien:
Keimzelle des Kulturlandes Bayern

Die Geschichte der Römer in Bayern

Das Grabmal eines römischen Weinhändlers ist eines der Glanzstücke in der Sammlung des Römischen Museums Augsburg. Das Relief eines Kaufmanns mit seinem Ochsenkarren ist derart einprägsam und plakativ, dass an etlichen anderen Römerorten Abgüsse und Abbildungen davon zu sehen sind. Den Augsburger Weinhändler findet man darum als Foto auf der Homepage der Gemeinde Roßhaupten, als Abbildung auf einer Informationstafel des Via-Claudia-Denkmals in Altenstadt oder auch als Abguss auf dem Gelände des Limeseums in Ruffenhofen.

Grabdenkmäler im Bestand des Römischen Museums Augsburg stellen zahlreiche Szenen aus dem Alltag der Römer dar – so wie hier mit dem Relief der Weinschenke eines Pompeianius Silvinus.

Die Römer in der Provinz Raetien

Die Anfänge des Kulturlandes Bayern liegen am Lech und an der Iller, im Allgäu, in Augsburg und im Ries

Wenn das Gespräch darauf kommt, dass Augsburg mehr als tausend Jahre älter ist als das nahe und so viel größere München, sorgt diese Tatsache immer wieder für verblüffte bis ungläubige Reaktionen. Aber es war nun einmal das flache Lechtal, das die Römer nördlich der Alpen quasi als „Autobahn der Antike“ nutzten, um sich an einem strategisch günstigen Platz unweit der Donau festzusetzen. Dieser Platz war – im Jahr 15 v. Chr., in der Regierungszeit des Kaisers Augustus – das Mündungsdreieck von Lech und Wertach im heutigen Augsburger Stadtteil Oberhausen. Aus einem an diesem Ort in der Zeit von 8/5 v. Chr. bis 15/16 n. Chr. fest stationierten Militärlager entwickelte sich nur wenige Jahre später eine Zivilsiedlung – die nachmalige Provinzhauptstadt Augusta Vindelicum. Augsburg ist also eine der ältesten Städte Deutschlands.

„Vae victis!“ – „Wehe den Besiegten!“ Mit diesen Worten verhöhnte Brennus, der Heerführer der keltischen Senonen, im Jahr 387 v. Chr. die eben von ihm besiegten Römer. Ein Historiker schrieb: „Niemals vergaßen sie [die Römer] das furchtbare Unglück; wie ein Schock hatte es auf sie gewirkt, und noch viele Jahrhunderte später, als Rom schon Weltreich war, fuhr jedem Römer das Entsetzen in die Glieder, wenn sich am fernen Horizont ein Haufen von Kelten zeigte." Dem „dies ater" von 387 v. Chr. – dem schwarzen Tag in der Geschichte Roms – folgten Jahrhunderte der „Keltenangst". Der Schutz seiner Grenzen vor den Barbaren aus dem Norden bestimmte lange Zeit maßgeblich die militärischen Intentionen des Römischen Reiches.

15 v. Chr.: Augsburg wird zum ersten Stützpunkt der Römer im heutigen Bayern

Dieses Trauma der Römer gab wohl den Ausschlag dafür, dass Kaiser Augustus (er regierte zwischen 27 v. Chr. und 14 n. Chr.) seine beiden

Die erste Hauptstadt der Provinz Raetien war Kempten gewesen. Im 2. Jahrhundert wurde der Statthaltersitz nach Augsburg verlegt. Im 4. Jahrhundert wurde Raetien in die Provinzen Raetia prima und Raetia secunda geteilt. Hauptstädte waren Curia (Chur) und – für die Raetia secunda – Augusta Vindelicum (Augsburg).

2021 kam bei archäologischen Grabungen im Augsburger Stadtteil Oberhausen ein sensationeller Fund zutage: Es war der größte jemals in Bayern ergrabene römische Silbermünzenschatz.

Stiefsöhne Drusus und Tiberius zu einem Sommerfeldzug über die Alpen beorderte, wo das römische Heer das nördliche Alpenvorland erobern sollte. Nach (vermutlich wenigen) Kämpfen mit den Raetern und Vindelikern eroberten die Römer 15 v. Chr. das Land zwischen den Alpen und der Donau. Nach diesen beiden keltischen Stämmen wurde zunächst die Provinz Raetia et Vindelicia im neu eroberten Territorium benannt, wo die Kelten wohl schon bald weitestgehend die Kultur der zivilisatorisch überlegenen Römer übernahmen.

Jüngste Grabungsfunde haben belegt, dass sich in Augsburg bereits ab den Jahren zwischen 8 v. Chr. und 5 v. Chr. der früheste ständige römische Stützpunkt im heutigen Bayern befand. Errichtet wurde dieses Militärlager an einem strategisch günstigen Standort: Es lag nur zwei Tagesmärsche vom Ufer der Donau entfernt.

Ab 15/16 n. Chr.: Um ein neues Militärlager entsteht die Siedlung Augusta Vindelicum

Bis 15/16 n. Chr. existierte das ständige Militärlager am Zusammenfluss von Lech und Wertach. Dann aber verheerte eine Hochwasserkatastrophe dieses Standlager völlig. Als Reaktion darauf wurde auf der hochwassersicheren Hochterrasse zwischen den beiden oft zerstörerischen Gebirgsflüssen – auf der Fläche der nördlichen Augsburger Altstadt – ein etwa acht bis zehn Hektar großes neues Lager erbaut. In seinem Umfeld entwickelte sich die Zivilsiedlung Augusta Vindelicum. An beiden Ausfallstraßen in Richtung Alpen respektive zur Donau wuchs ein Lagerdorf. Dort siedelten sich Handwerker und Händler, Schankwirte und Bordelle, aber auch Familien hier stationierter Fußsoldaten – der Legionäre – und einer Reitereinheit an.

Die Donau als neue Reichsgrenze – die Via Claudia Augusta wird 46/47 n. Chr. ausgebaut

Die formale Gründung der Provinz Raetien erfolgte vielleicht schon unter Kaiser Tiberius (14 n. Chr. bis 37 n. Chr.), nach anderen Quellen erst unter Kaiser Claudius (41 n. Chr. bis 54 n. Chr.). Die Donau war die erste Grenze des 80 000 Quadratkilometer großen Territoriums: Der breite Fluss war auf eine lange Strecke hin leicht zu verteidigen. Bis an den südlichen Rand des Donautals führte die 46/47 n. Chr. unter Kaiser Claudius ausgebaute Via Claudia Augusta. Diese Staatsstraße verband Altinum (diese römische Stadt lag unweit des viel später entstehenden Venedig) sowie die Poebene mit Raetien.

Die Via Claudia Augusta ist übrigens die einzige Römerstraße Raetiens, deren Name schriftlich überliefert ist. Die Via Julia ist lediglich eine neuzeitliche Benennung. Der Name der Via Raetia – auch: Via Raetica – könnte historisch zutreffend sein. Er ist jedoch wohl ebenfalls eher eine neuzeitliche Bezeichnung. Und der Name Via Danubia ist eine erst im Jahr 2001 für eine neue Tourismusroute eingeführte, erfundene Bezeichnung. (Generell verstellen touristische Römerrouten – aber auch etliche nachempfundene Meilensteine – häufig den Blick auf die römische Geschichte Raetiens mehr, als dass sie bei ihrer Vermittlung sonderlich hilfreich wären.)

Um 90 n. Chr.: der Limes verläuft auf der Schwäbischen Alb und auf der Frankenalb

Wohl in der Regierungszeit Domitians (römischer Kaiser von 81 bis 96) wurde die Reichsgrenze nördlich der Donau auf die Schwäbische Alb und auf die Fränkische Alb vorgeschoben. Der Limes wurde ausgebaut. Südlich der neuen Grenzziehung entstand jetzt im fruchtbaren Riesbecken ein dichtes Netz römischer Gutshöfe. Das Ries

Der Archäologische Park Cambodunum in Kempten vermittelt in einem weitläufigen Areal Einblicke in das Leben der Römer in der ersten Provinzhauptstadt Raetiens. Begrüßt werden Besucher des Römerparks vom Abguss einer Statue des Kaisers Augustus. (Das Original der Statue ist im Besitz der Vatikanischen Museen.)

wurde nun zur Kornkammer Roms nördlich der Alpen. Die Besitzer der villae rusticae im Ries verfügten mit den römischen Truppen an der Grenze über einen großen, zahlungskräftigen Abnehmermarkt.

Bis ins 2. Jahrhundert bleibt Kempten die Hauptstadt der Provinz Raetien

Wie das Augsburger Militärlager sind wohl auch Siedlungen wie die Handwerkerstadt auf dem Auerberg oder das zentral am Kreuzungspunkt zweier Hauptverkehrsadern liegende Epfach im Jahr 15 v. Chr. oder bald danach entstanden. Um das Jahr 98 n. Chr. erwähnte der römische Geschichtsschreiber Tacitus in seiner „Germania" eine „splendidissima Raetiae provinciae colonia", also eine überaus glanzvolle Stadt in der Provinz Raetien. Die Wissenschaft ist sich bis heute nicht darüber einig, ob Tacitus damit das römische Augsburg oder eher Cambodunum, das heutige Kempten, gemeint hat.

Kempten war auf jeden Fall die erste Provinzhauptstadt Raetiens. Erst im 2. Jahrhundert wurde der Sitz des römischen Statthalters von Cambodunum nach Augusta Vindelicum – nach Augsburg – verlegt.

Ab dem Ende des 1. Jahrhunderts und in der Folgezeit entstand im Ries ein dichtes Netz an Gutshöfen. Fundamente einer solchen villa rustica sind im Nördlinger Stadtteil Holheim zu besichtigen.

Augusta Vindelicum hatte erst um 121/122 von Kaiser Hadrian das römische Stadtrecht erhalten. Doch die Römergründung am Lech war zunächst einmal – bis 179/180, als die Dritte Italische Legion an die Donau und ins Legionslager Castra Regina (Regensburg) verlegt wurde – auch der wichtigste Militärstützpunkt zwischen den Alpen und dem Limes gewesen. Womöglich bot sich Augusta Vindelicum aber auch deshalb als das neue Verwaltungszentrum der Provinz Raetien an, weil der Limes annähernd hundert Jahre, nachdem er von der Donau auf die Schwäbische Alb und die Fränkische Alb vorgeschoben worden war, ein ziemlich dicht besiedeltes und deshalb wohl auch wirtschaftlich interessantes Hinterland einschloss.

Vor allem aber lag Augusta Vindelicum verkehrstechnisch günstiger als Cambodunum: Der Weg an den Rhein sowie in die strategisch herausragend wichtige Provinzhauptstadt Obergermaniens – Mainz (Mogontiacum) – war über das um 77 n. Chr. entstandene Kastell Guntia (die Keimzelle des späteren Günzburg) von Augsburg aus besser zu erreichen als vom Allgäu aus. Die Römerstadt am Lech bot sich vielleicht auch deswegen an, weil diese Stadt nach dem Ausbau der Via Claudia Augusta durch diese Straße den Alpenrand und das Donautal ohne nennenswertes Auf und Ab verband: Vor und nach dem römischen Augsburg erstreckte sich die Ebene des Lechtals. In dieser Ebene mit zumeist kiesigem Untergrund (der nicht zuletzt auch noch ohne große Mühen Material für den Straßenbau hergab) taten sich für die römischen Straßenbauingenieure wenig Probleme auf. In dieser auch für Fuhrwerke idealen Landschaft erreichte man von Augusta Vindelicum aus bequem die Straßenverbindungen an beiden Ufern der Donau. Entlang dieser Verkehrsader reihten sich im Lechtal römische Siedlungen wie die Perlen einer Kette.

Von Osten her stieß ein Abzweig der Straße aus Richtung Salzburg auf Augusta Vindelicum – eine Verbindung, die in Richtung Westen auf geradem Weg nach Guntia führte. Zudem kreuzten sich rund 55 Kilometer südlich von Augsburg in Epfach – dem römischen Abodiacum – die Süd-Nord-Achse der Via Claudia Augusta und die Ost-West-Achse der Straße zwischen Bregenz (Brigantium) und Salzburg (Iuvavum), wo sich römische Besatzungstruppen ebenfalls schon ab dem Jahr 15 v. Chr. in keltischen Stammesgebieten festgesetzt hatten.

Für Bauten in Augusta Vindelicum werden Kalkquader lechaufwärts transportiert

Für die Bewohner von Augusta Vindelicum bot sich zudem der Lech als Verkehrsweg für Schwertransporte an: Aus Steinbrüchen im Jura nördlich der Donau kam der Kalkstein, der für Denkmäler und gehobene Architekturelemente benötigt wurde. Nach der Verleihung des Stadtrechts verdrängten in der schnell wachsenden Römerstadt (sie hieß nun offiziell municipium Aelium Augustum und beherbergte auf 65 Hektar Fläche geschätzt 10 000 bis 15 000 Einwohner) aus Stein errichtete Gebäude die früheren Holzbauten wohl fast völlig.

Die Kalksteinquader von der Alb mussten von der Donau über den Lech nach Augusta Vindelicum – also flussaufwärts – transportiert werden. Im breit mäandrierenden, von vielen Kiesinseln zerteilten Lech war der Wasserstand an vielen Stellen häufig sehr niedrig. Die schweren Steinblöcke wurden deshalb wohl in flachen Lastkähnen flussaufwärts bis nach Augsburg gestakt und getreidelt. Ein Flusshafen am Lech wurde dort 1994 in der östlichen Altstadt ergraben. Viele Quader wurden benötigt, als Augusta Vindelicum in der Zeit um 165/180 n. Chr., vielleicht als Reaktion auf die Markomannenkriege an der Donau, eine massive steinerne Stadtmauer erhielt.

In Augsburg wurde das Grabmal eines Weinhändlers gefunden. Dieser Abguss des Reliefs, das den Transport von Weinfässern auf einem Ochsenkarren zeigt, steht im Römerpark in Ruffenhofen.

Die Jahrzehnte vor und nach 200: Die Blüte der Provinzhauptstadt Augusta Vindelicum

In die zweite Hälfte des 2. Jahrhunderts und in die erste Hälfte des 3. Jahrhunderts fiel die Blütezeit des römischen Augsburg. Augusta Vindelicum war der führende Handelsplatz im Alpenvorland. Die für die römische Küche unverzichtbare Fischsoße (garum), Olivenöl und Weine wurden aus Italien sowie aus den südlichen Regionen Frankreichs und Spaniens importiert. Augusta Vindelicum war aber auch ein Umschlagplatz für Luxusgüter. Mehrere in Augsburg gefundene Grabdenkmäler zeigen Alltagsszenen, deren Motive mit dem Warenhandel in Verbindung stehen. Das 1990 in Augsburg entdeckte Relief eines Weinhändlers „zählt [so schrieb Lothar Bakker, der ehemalige Leiter des Römischen Museums Augsburg] zu den schönsten Transportbildern aus den römischen Provinzen".

Im Osten Raetiens dominierte das Militär mit seinen Einrichtungen. Prominentestes Beispiel dafür ist das 179 fertiggestellte Standlager der Dritten Italischen Legion: Castra Regina, Keimzelle des heutigen Regensburg. Im Gegensatz dazu wurde Westraetien insbesondere von der Verwaltung und der Wirtschaft geprägt. Neben dem Fernhandel mit Nahrungsmitteln und mit Luxusgütern spielte im unmittelbaren

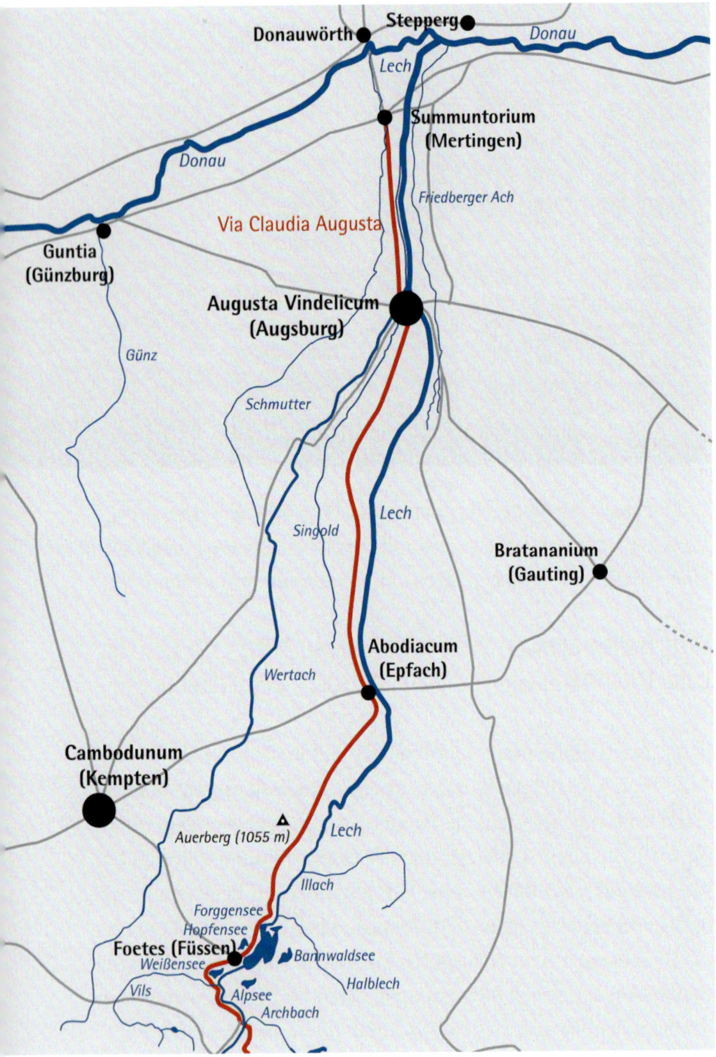

Das römische Augsburg lag verkehrstechnisch günstig an der Via Claudia Augusta. Von Osten stieß die Straße aus Richtung Salzburg auf die Provinzhauptstadt. Und die Straße von Bregenz und Kempten kreuzte sich im nahen Epfach mit der Via Claudia Augusta. Die Donau war hier nicht weit entfernt. Für das nahe Günzburg (Guntia) ist ein Donauübergang (transitus) überliefert. Bei Donauwörth könnte es einen – nicht bekannten – Übergang über den Fluss gegeben haben. Eine römische Brücke bei Stepperg ist dagegen durch die Unterwasserarchäologie belegt.

Augsburg war ein zentraler römischer Handelsplatz. Diese Rolle der Stadt unterstreicht auch ein dort 1951 gefundenes Grabmal: Sein Relief zeigt eine Verladeszene. Der Stein stellt Lastenträger beim Beladen eines Frachtwagens mit einem Pferdegespann dar.

Umfeld von Augsburg das Handwerk der Töpfer eine wichtige Rolle. Auf dem Auerberg wurde Eisen geschmiedet: Eisenerz wurde wohl im Tagebau in Allgäuer Gruben gewonnen. Zahlreiche Landgüter im unmittelbaren Umfeld von Städten und Kastellen sicherten die Nahversorgung. Dass es sich auch in diesen villae rusticae recht luxuriös leben ließ, zeigen Funde in Schwangau, in Friedberg bei Augsburg oder auch in Holheim im Ries. Die römische Badekultur war noch im entlegensten Bauernhof obligat, wie es das Beispiel einer kleinen villa rustica im mittelfränkischen Hüssingen zeigt.

Um das Jahr 233: Alamannen bedrohen – und überwinden – den Raetischen Limes

Die Markomannenkriege der Jahre 166 bis 180 – in der Epoche der Herrschaft des Philosophenkaisers Marc Aurel – empfanden die Römer in Westraetien wohl noch wie ein fernes Donnergrollen am Horizont. Kaiser Caracalla zog 213 während seines Germanenfeldzugs zwar durch Raetien, doch noch wurde am Main gekämpft. Die lange Zeit des Friedens, die in Westraetien begonnen hatte, als nach dem Tod Kaiser Neros (68 n. Chr.) im Verlauf der Thronstreitigkeiten im Vierkaiserjahr 69 n. Chr. einige Donaukastelle und Zivilsiedlungen (darunter auch Kempten) zerstört worden waren, war spätestens um das Jahr 233 vorbei. Ständig bedrohten Alamannen den Limes, der ziemlich genau hundert Jahre zuvor unter den Kaisern Hadrian und Antoninus Pius zwischen den Kastellen Schirenhof (bei Schwäbisch Gmünd) und Eining (nahe Neustadt an der Donau) ausgebaut und vollendet worden war. Nun aber wurden nicht nur das Limeskastell in Pfünz und die villa rustica am limesnahen Treuchtlinger Nagelberg von Alamannen zerstört, sondern auch das weit südlich von Augsburg gelegene Abodiacum (Epfach) und selbst Teile der Stadt Cambodunum (Kempten). Wegen der Furcht vor den Barbaren ging jetzt die Anzahl der Siedlungen im Hinterland des Limes zurück.

Die Römer können den Limes nicht mehr halten – die Donau wird erneut zur Grenze

Wohl im Frühjahr 254 war der Limes endgültig nicht mehr gegen die Alamannen zu halten. Die Römer verlagerten ihre Reichsgrenze nach mehr als anderthalb Jahrhunderten wieder an die Donau zurück. Römische Siedlungen nördlich das Flusses wurden aufgegeben. Doch auch weit im Hinterland der neuen Donaugrenze war das Gefühl der Sicherheit verlorengegangen. Daran änderte auch der Sieg nichts, bei dem römische Verbände in einer zwei Tage währenden Schlacht bei Augusta Vindelicum am 24. und 25. April 260 eine Truppe der Juthungen bezwangen, die in Italien geplündert hatte und die sich nunmehr auf dem Rückzug nach Norden befand. Durch diesen militärischen Erfolg konnten tausende gefangene Italiker befreit werden. Dieses Ereignis bezeugt der 1992 in der Augsburger Jakobervorstadt entdeckte sogenannte Siegesaltar, der heute (Stand 2023) im Zeughaus in einer Ausstellung, dem sogenannten „Römerlager – Das römische Augsburg in Kisten", zu besichtigen ist. Angriffe der Alamannen in den folgenden Jahrzehnten führten wohl auch in der Provinzhauptstadt am Lech zu größeren Zerstörungen.

Nach 260 wurde die Römerstadt Cambodunum auf dem Kemptener Lindenberg nach und nach aufgegeben. Die Römer zogen sich nun auf die leichter zu verteidigende Siedlung Cambidanum (am Fuß der Burghalde) zurück. Diese Kastellsiedlung wurde zu einem römischen Stützpunkt, als die Illergrenze hundert Jahre später stärker gesichert werden musste. Und auch die Zivilsiedlung Abodiacum (Epfach) verlagerte man nach 260 auf den Lorenzberg. Diesen Hügel in einer

Der „Augsburger Siegesaltar" überliefert den Erfolg römischer Truppen gegen germanische Juthungen, die zuvor in Italien eingefallen waren und dort geplündert hatten. Durch den Sieg in dieser Schlacht konnten die römischen Verbände tausende Italiker befreien, die von den Juthungen gefangengenommen und verschleppt worden waren.

engen Lechschleife befestigten die Römer um 290/300 mit einer fast drei Meter starken Mauer, um diesen strategisch bedeutenden Stützpunkt im Lechtal erfolgreich verteidigen zu können.

Im 4. Jahrhundert: Teilung Raetiens in zwei neue Provinzen – Augsburg bleibt Hauptstadt

In die Ära Kaiser Konstantins „des Großen" (von 306 bis 337) oder eines seiner Nachfolger fiel – in den Zeitabschnitt nach 310 und vor 354 – die Teilung Raetiens. Curia (Chur) wurde zur Hauptstadt der alpinen Raetia prima. Die Provinzhauptstadt der Raetia secunda, also Flachlandraetiens, blieb weiterhin Augusta Vindelicum.

Mitte 4. Jahrhundert: in Raetien beginnt letztmals ein Ausbau der Grenzsicherung

Wohl unter Kaiser Valentinian I. (Herrscher von 364 bis 375) begann neuerlich ein systematischer Ausbau der Grenzbefestigungen: Die mächtigen Kastellmauern in Kellmünz erinnern ebenso an diese Phase wie die Mauerreste eines burgus bei Buchenberg. Die Straße zwischen Bregenz und Augsburg wurde nun durch eine Kette von steinernen Wachtürmen – burgi – gesichert. Es waren die letzten wesentlichen Maßnahmen zur Sicherung der Grenzen der Provinz. Der verstärkte Grenzschutz an Donau und Iller brachte Flachlandraetien noch einmal eine Zeitspanne relativer Sicherheit. Aber schon 356/357 drangen Juthungen erneut in das Territorium der Provinz

Raetia secunda ein. Wieder wurde Abodiacum (Epfach) zerstört, und auch das römische Augsburg wurde neuerlich in Mitleidenschaft gezogen. Die Invasoren wurden schließlich bei Straßburg geschlagen. Trotzdem suchten im 4. Jahrhundert viele Bewohner der Provinz hinter den sicherer erscheinenden Stadtmauern Augusta Vindelicums Schutz. Die Kleinstädte, Siedlungen und Gutshöfe aber verödeten.

Um das Jahr 400 brechen die römischen Strukturen in Flachlandraetien zusammen

Um das Jahr 400 brach die römische Militär- und Zivilverwaltung Flachlandraetiens zusammen. Funde weisen jedoch darauf hin, dass noch in der ersten Hälfte des 5. Jahrhunderts Römer in der Provinzhauptstadt Augsburg lebten. Und auch für Kempten ist die Präsenz römischen Militärs noch für das frühe 5. Jahrhundert anzunehmen. Obwohl sich das untergehende Römische Reich aus dem Voralpenland zurückzog, könnte sich eine romanische Restbevölkerung mit den neuen Herren – den Alamannen – arrangiert haben. Die Wissenschaft geht jedenfalls von einer Siedlungskontinuität in der einstigen Provinzhauptstadt am Lech auch während des Übergangs von der Spätantike zum frühen Mittelalter aus.

Unabhängig davon hat die Epoche der Römer nördlich der Alpen das Land Bayern bis auf den heutigen Tag kulturell stark geprägt. Die römischen Städte wurden zu bayerischen Städten, römische Siedlungen zu bayerischen Dörfern. Bis heute grüßt man sich hier und da mit einem legeren „Servus". Man spricht von „Mauern" und von „Fenstern", vom „Lesen" und „Schreiben", ohne sich recht darauf zu besinnen, dass diese Worte aus dem Lateinischen, der Sprache der Römer, abgeleitet sind. Fast ein halbes Jahrtausend Rom in Bayern – das hat dieses Land in vielerlei Hinsicht mitgeformt. Nicht zuletzt hat das „Nachspiel" der Renaissance den Schwaben, Franken und Altbayern ihre römische Vergangenheit bewusst gemacht: In Augsburg wurde die Brunnenfigur des Kaisers Augustus vor dem Rathaus sogar zu einem Objekt des UNESCO-Welterbes. Im Rathaus finden sich römische Kaiser und Feldherren in Form von bronzenen Büsten, Wandfresken oder Ölgemälden. Kaiser sowie Gottheiten wie Merkur, Neptun und Venus sieht man in Augsburg mal als Büsten, mal in Deckenfresken, mal als Brunnenfiguren und mal als Reliefs an den gusseisernen Wasserkästen der reichsstädtischen Wasserversorgung.

Die Relikte des Kastells Biriciana in Weißenburg sind eine Station am UNESCO-Welterbe Limes. In dieser Stadt in Mittelfranken ist auch das Bayerische Limes-Informationszentrum angesiedelt.

Der älteste datierbare Beleg für frühe Christen in Bayern stammt aus Augsburg

Die Jahrhunderte römischer Kultur haben zwischen dem nördlichen Alpenrand und dem Limes eine hohe Dichte und eine hohe Qualität an römischen Funden und archäologischen Stätten hinterlassen. Vor allem entlang der Via Claudia Augusta und am untergegangenen Grenzwall finden sich zahlreiche Spuren der Antike. 2005 wurde der Obergermanisch-Raetische Limes in die Welterbeliste der UNESCO aufgenommen. Auch der erste – exakt datierbare – Beleg für das frühe Christentum in Bayern stammt aus der Provinz Raetien: Die in Augsburg gefundene „Adam-und-Eva-Schale" entstand bereits in den Jahren um 350. Eine römische Tonlampe mit einem Christogramm ist heute das Wappenbild des Lechfelddorfes Epfach. Auch Augsburg führt (spätestens seit dem 13. Jahrhundert) ein antikes Motiv im Stadtwappen: den Stadtpyr, eine römische Zirbelnuss.
Am Augsburger Gallusplatz hat man das Bruchstück einer im frühen 5. Jahrhundert in Nordafrika hergestellten Öllampe ergraben: Dieses Fragment lässt einen siebenarmigen Leuchter (die Menora) erkennen: der älteste Hinweis auf den jüdischen Glauben in Raetien. Die Suche nach Spuren der Römer an der Via Claudia Augusta, im Ries und am Limes leitet zu vielen Anfängen des Kulturlandes Bayern.

Eine Bauinschrift überliefert die Entstehung des ab 170 n. Chr. errichteten Kastells Castra Regina. In die Keimzelle Regensburgs rückte 179/180 die Dritte Italische Legion mit 6000 Soldaten ein.

Spät gegründet – Castra Regina

Regensburg: viel jünger als Kempten und Augsburg

Verglichen mit der Römerstadt Kempten (die ab etwa 4 n. Chr. am Ort der keltischen Vorgängerstadt Kambodounon entstand) und der nach 15/16 n. Chr. entstandenen Zivilsiedlung Augusta Vindelicum – der Wurzel Augsburgs – ist das weit im Osten der Provinz Raetien und am nördlichsten Punkt der Donau gelegene Regensburg eine doch vergleichsweise „junge" Stadt. Unter dem Philosophenkaiser Marc Aurel wurde dort erst ab 170 n. Chr. am Ufer der Donau – gegenüber der Mündung des Flusses Regen – ein Standlager errichtet. Römische Soldaten waren zwar bereits um 80 n. Chr. auf einem Hügel im Stadtteil Kumpfmühl sowie in einem Auxiliarkastell in der Regensburger Bucht stationiert gewesen. Doch das Kastell der Dritten Italischen Legion, die

Ein Modell in einer Vitrine des Historischen Museums zeigt den Bau der Porta praetoria und ihrer ursprünglich zwei Flankentürme.

Die Porta praetoria war das nordseitige Ausfalltor des römischen Kastells über dem nahen Ufer der Donau.

173/174 nach Raetien verlegt worden war und mit 6000 Mann (ein Fünftel davon für die Verwaltung) in Castra Regina einzog, wurde erst 179 n. Chr. fertiggestellt. Damals aber existierten die westraetischen Römersiedlungen und späteren Städte Augsburg und Kempten schon mehr als anderthalb Jahrhunderte lang.

Wenn beim Thema „Römer in Bayern" aber dennoch nicht selten zumeist und zuerst an die Stadt an Donau und Regen gedacht wird, liegt das nicht nur daran, dass ihre etwa acht Meter hohe und zwei Meter breite, aus mächtigen Kreidesandstein- und Kalksteinquadern errichtete Umfassungsmauer unter den römischen Städten an Rhein und Donau einzigartig ist. Dieser Bekanntheitsgrad resultiert auch nicht allein daraus, dass mehrere Abschnitte dieser Mauer noch heute im Stadtzentrum kaum zu übersehen sind und dass die Stadt

Einer der beiden Flankentürme der Porta praetoria ist noch – teilweise überbaut – erhalten.

CASTRA REGINA – EINE SPÄTE STADTGRÜNDUNG

Das Zyklopenmauerwerk des Kastells Castra Regina wirkt an manchen Stellen in der Stadt noch heute schier uneinnehmbar.

mit den teilweise überbauten Relikten der Porta praetoria (am Bischofshof, nur wenige Schritte vom Dom entfernt) ein für die einstige römische Provinz Raetien singuläres Monument vorzuweisen hat. Es liegt vielmehr wohl auch daran, dass Regensburg sein antikes Erbe nicht bloß verwaltet, sondern das antike Erbe auch – anders als andere Städte – sachkundig, engagiert und durchaus aufwendig präsentiert und professionell vermarktet.

Regensburg begnügt sich nicht allein damit, seine Römerfunde im Historischen Museum zu zeigen, sondern informiert auch mit musealen Einrichtungen wie dem document Neupfarrplatz. Unter dem Platz liegen Relikte des Legionslagers Castra Regina: Die dort ergrabenen Mauerreste und Relikte eines mit Ziegelplatten belegten Fußbodens gehörten wohl zum Wohnhaus eines ranghohen Offiziers. Im document Niedermünster sieht man die Fundamente einer römischen Kaserne, über denen später ein mit einer

Im Römerpark im Regensburger Stadtteil Prüfening sind Mauerreste der wohl ältesten Brauerei nördlich der Alpen zu finden.

Unter der romanischen Niedermünsterkirche fand man Relikte von Castra Regina – zu sehen im „document Niedermünster".

Fußbodenheizung ausgestatteter repräsentativer Bau entstand. Dort residierte wohl noch bis um 475/476 n. Chr. ein römischer Amtsträger. In antiken Quellen wird Castra Regina zwar letztmalig um 430 erwähnt. In jüngerer Zeit ergrabene archäologische Funde deuten jedoch auf eine Siedlungskontinuität hin. Bruchstücke der Bauinschrift vom Osttor des Lagers Castra Regina überliefern, dass die Ummauerung des Kastells im Jahr 179 n. Chr. fertiggestellt war. Sie umschloss eine Fläche von etwa 25 Hektar. Westlich dieses Kastells entwickelte sich eine Zivilsiedlung. Die Kastellmauern sind vielerorts kaum zu übersehen. Das document Legionslagermauer befindet sich zum Teil sogar in einem Parkhaus. Obwohl das Zyklopenmauerwerk noch immer Respekt einflößend und fast uneinnehmbar wirkt, wurde Castra Regina dreimal – zuletzt 358 – von Germanen verwüstet. Die Römer bauten das Kastell jeweils wieder auf.

Welche Schrecken die Grenzlage an der Donau für die Zivilbevölkerung vor der Lagermauer mit sich brachte, hat Matthias Freitag beschrieben. Bei einer villa rustica im Stadtteil Harting fand man 1981 „[…] in einem Brunnenschacht die Skelette von 13 Menschen, Männern, Frauen und Kindern. Allen waren die Schädel eingeschlagen; manche waren geköpft, die Frauen sämtlich skalpiert." Germanen hatten die Unglücklichen offenbar zunächst rituell gefoltert und schließlich umgebracht.

500 JAHRE RÖMER IN RAETIEN

„Ein Datum ist kein Datum"

Statt einer Zeitleiste – der Versuch einer Erklärung

„[...] in der Archäologie ist es so: Ein Datum ist kein Datum, und wir brauchen noch ein bisschen mehr." Zu lesen war dieser Satz am 22. April 2023 in einer Meldung der „Tagesschau". Dabei ging es um Geheimnisse der Mindelburg im schwäbischen Mindelheim – ein Bau, der immerhin etliche hundert Jahre nach dem Abzug der Römer aus Westraetien, dem heutigen bayerischen Schwaben, entstand. Dieser Satz umschreibt das noch viel größere Dilemma bei der Erforschung der römischen Zeit in Bayern: Er spiegelt die Schwierigkeit wider, Geschichtsdaten aus schriftquellenarmen Epochen zu fixieren. Nicht etwa deshalb, weil die Archäologie nachlässig arbeiten würde – im Gegenteil: Jeder Fund, sei es eine Münze, eine Scherbe oder auch nur die Form eines Artefakts, liefert ein Stück weit Wissen. Aber am Ende braucht es dann doch noch ein bisschen mehr.

Nur selten waren die Römer so „zuvorkommend", eine steinerne Bauinschrift mit Jahreszahl zu hinterlassen wie in Regensburg, in den mittelfränkischen Orten Ellingen und Gnotzheim oder in Pfünz im Altmühltal. Die Inschrift des „Augsburger Siegesaltars" datiert ein Ereignis sogar taggenau. Doch die Seltenheit derartiger steinerner „Urkunden" sowie der Mangel an antiken Schriftquellen und die Tatsache, dass jeder neue Fund (verbunden mit verbesserten Grabungs- und Datierungsmethoden) scheinbare Gewissheiten über Nacht über den Haufen werfen kann, macht eine Angabe von Jahreszahlen heikel. Jüngste Grabungsfunde, etwa der Silberschatz von Augsburg oder die antiken Siedlungsreste von Kempten, haben das Bild der Geschichte der römischen Provinz Raetien erneut ein Stück weit verändert. Neuere Publikationen zur Archäologie umgehen diese Problematik insoweit relativ elegant, als dass sie zwar viele Details aufführen, sich aber – anders als dies Fachleute nur wenige Jahrzehnte zuvor taten – nach Möglichkeit davor hüten, genaue Jahreszahlen zu benennen. Zu groß scheint die Sorge, in einen Expertenstreit zu geraten oder bereits morgen durch neuere Funde eines Besseren belehrt zu werden. Vergleicht man beispielsweise manche Datierungen in Veröffentlichungen aus den letzten Jahrzehnten, so kann es durchaus vorkommen, dass in drei Publikationen drei recht unterschiedliche Zeitangaben zu finden sind – und dass heutzutage eher Zeitfenster statt exakter Jahreszahlen angegeben werden.

An dieser Stelle sollte zunächst, wie es lange üblich war, eine Zeitleiste stehen, die übersichtlich und kompakt die römische Epoche zusammenfasst. Aus den genannten Gründen folgen wir jedoch dem vorsichtigen Ansatz der Fachleute: Wenn in den folgenden Kapiteln Jahreszahlen zu finden sind, basieren sie alle auf seriösen Quellen, wenn auch aus unterschliedlichen Publikationen aus unterschiedlicher Zeit und von unterschiedlichen Autoren. Beispiele: Während etwa eine Internetseite zur Stadtgeschichte Kemptens vermeldet: „ca. 180 Cambodunum wird als Provinzhauptstadt von Augusta Vindelicum-Augsburg abgelöst.", vermeidet ein erst jüngst erschienenes Buch jede Datierung und spricht stattdessen von „Indiz", von „dürfte" und „wahrscheinlich". Eine dritte Quelle konstatiert hingegen, dass die Verlegung des Statthaltersitzes „spätestens" in der Regierungszeit Kaiser Hadrians (117 – 138) stattgefunden habe. Und während noch 1985 eine Schrift des Bayerischen Landesamtes für Denkmalpflege festhielt: „233 – Alamannen durchbrechen den Limes", betonen Fachleute heute, dass der „Limesfall" ein langfristiger Prozess gewesen sei, der schrittweise, an verschiedenen Teilabschnitten der Reichsgrenze und zu unterschiedlichen Zeiten auf Faktoren wie die innerrömischen Bürgerkriegswirren, die Bindung von Truppen durch Kriege im Osten des Imperiums, den wirtschaftlichen Niedergang, massive Geldentwertung und eine Klimaverschlechterung zurückzuführen sei. Wenn also in der Folge Jahreszahlen erwähnt sind, sind diese mitunter mit einem (unsichtbaren) Fragezeichen, mit einem „vielleicht" oder einem „womöglich" zu lesen. Als Hilfestellung beim Verständnis und bei der Einordnung sollten diese Datierungen trotz möglicher Korrekturen behilflich sein. In den Grundzügen, beginnend mit dem Alpenfeldzug im Jahr 15 v. Chr. oder bei den meisten Entwicklungen am Limes, besteht in Fachkreisen heute ohnehin weitgehend Konsens.

Es gibt nicht viele Römer aus der Provinz Raetien, deren Lebensgeschichte man derart gut kennt wie die des Claudius Paternus Clementianus. Er wurde in Abodiacum – dem heutigen Epfach – geboren und machte als Militär und hoher Beamter Karriere. Einen Abguss seiner Büste sieht man im Epfacher Museum Abodiacum. Das Original befindet sich im Bestand des Römischen Museums Augsburg.

Römer im Lechtal
südlich von Augsburg

Die Fundamente des Badehauses einer villa rustica am Fuße des Tegelbergs bei Schwangau zeigen die typische Gliederung eines kleinen römischen Privatbads und des dortigen Heizsystems.

Schwangau – die villa rustica am Fusse des Tegelbergs

Relikte eines römischen Landguts: ein Badehaus, ein Wirtschaftsgebäude – und kostbare Fresken

Bei der Suche nach Spuren der Römer nördlich der Alpen stößt man kurz nach der bayerisch-österreichischen Grenze bei Füssen – dem römischen Foetibus – auf die Römervilla von Schwangau, den ersten Punkt einer Kette von Römerstätten im Lechtal. Diese villa rustica ist einer der wohl bekanntesten und meistbesuchten Grabungsfunde im bayerischen Schwaben. Ein Grund dafür ist sicher die spektakuläre, während der Skisaison besonders stark frequentierte Lage: Wer in Schwangau von der Straße in Richtung der rund zwei Kilometer südöstlich gelegenen Römervilla abbiegt, tut dies mit dem Blick auf das bekannteste Tourismusziel Bayerns, Schloss Neuschwanstein. Weit weniger romantisch ist dagegen der erste Eindruck, mit dem die antike Schwangauer Stätte Besucher empfängt: Denn die Ausgrabungen liegen direkt an der Talstation der Tegelbergbahn und damit bei der weiten Teerfläche eines Parkplatzes: Dieses Areal verströmt den herben Charme eines Gewerbeparks. Auch der Schutzbau des Badehauses der villa rustica hinterlässt von außen zunächst

Der Schriftzug „RÖMERVILLA" am Oberlicht des Schutzbaus über den Mauerresten des römischen Badehauses der villa rustica.

den Eindruck einer in die Jahre gekommenen Gewerbehalle. Stünde nicht im Oberlicht des Schutzbaus der Schriftzug „RÖMERVILLA", würde man auf den ersten Blick nicht sehr viel Römisches erwarten. Das eher wenig einladende Umfeld dieser Römervilla ist kein Zufall: Denn ergraben wurde der Komplex schließlich erst mit dem Bau der Tegelbergbahn. Das knapp 15 mal 15 Meter große Wohnhaus der

Aus Stahlblech gelaserte Silhouetten im Badegebäude verkörpern Bewohner des römischen Landguts am Fuß des Tegelbergs.

Elemente des Hypokaustensystems, mit dem das Badegebäude der villa rustica am Tegelberg beheizt wurde, sind beim Gang durch den jederzeit geöffneten Schutzbau noch gut zu erkennen.

villa rustica, deren Existenz seit den 1930er Jahren bekannt war, wurde 1966 im Zuge von Erdarbeiten für den Bau der Talstation der Pendelbahn freigelegt. Das antike Wohngebäude, in dem zwei der acht Räume beheizbar waren, wurde nach der Befunduntersuchung aber mit dem Hauptgebäude der Tegelbergbahn überbaut. Kostenlos zu besichtigen und jederzeit zugänglich ist daher allein das östlich benachbarte, im 2. Jahrhundert entstandene private Badehaus im 1996 errichteten Schutzbau. Das Badegebäude ist eine 13,6 Meter lange und 12,3 Meter breite Anlage, deren Hypokaustensystem noch immer gut zu erkennen ist. Vom antiken Bauwerk sind außergewöhnlich hohe Mauerreste erhalten. Die Fundamente eines Wirtschaftsgebäudes findet man am nordöstlichen Rand der Parkplatzfläche. Dort sind gemauerte Relikte dreier nebeneinanderliegender Darren zu sehen: Solche Öfen dienten wohl zum Dörren von Flachs.

Fresken der Villa sind in München zu sehen

Das, was die Schwangauer villa rustica für die Forschung besonders wertvoll gemacht hat, ist aber nicht ihre Architektur. Vergleichbare Landgüter hat man – im bayerischen Lechtal, im Ries und auf der Frankenalb – mehrfach ergraben. Was die Schwangauer Römervilla in Fachkreisen berühmt gemacht hat, waren die Wandbemalungen,

Am nordöstlichen Rand des Parkplatzes der Tegelbergbahn liegen Fundamente eines Wirtschaftsgebäudes der villa rustica. Dort sind Mauerreste von Darren (Öfen zum Flachstrocknen) zu erkennen.

die – überlagert von einer Mure, einer Lawine aus Schlamm und Geröll – von den Wänden des Hauptbaus sowie des Badegebäudes gefallen waren. Sie konnten aber geborgen und konserviert werden: Unter dem beim Abgang dieser Mure abgelagerten Material hatten sich Fragmente der von den Wänden gefallenen Fresken erhalten. Diese Fragmente erlaubten es, sowohl die Bemalung der Wände als auch die der Decke erneut kenntlich zu machen. Neben Ornamenten zeigte diese Bemalung den Weingott Bacchus und Venus, die Göttin der Schönheit, sowie zahlreiche Darstellungen von Eroten, Fischen und Vögeln. Diese im frühen 3. Jahrhundert entstandenen Malereien sind in der Archäologischen Staatssammlung in München zu sehen. Als Alamannen im 3. Jahrhundert den Limes durchbrachen, endete auch für Raetien die Epoche, in der Landgüter derart aufwendig ausgeschmückt wurden. Wann die villa rustica am Tegelberg von ihren Bewohnern aufgegeben wurde, ist nicht bekannt.

Das Baumodell in einer Vitrine im Schutzbau zeigt die Anlage des römischen Privatbads.

Nur bei extremem Niedrigwasser gibt der Forggensee Überreste eines römischen Straßendamms bei Roßhaupten frei.

Rosshaupten: der Kunstpark und die Römerstrasse im Forggensee

An die Römer erinnern das Foto eines Straßendamms und „Legionäre" im Kunstpark Via Claudia Augusta

An der Gemeinde Roßhaupten kommt man bei der Suche nach den Spuren der Römer kaum vorbei, auch wenn es dort lediglich im Ausnahmefall originale Überreste aus der Zeit der Römer zu sehen gibt. Der Ausnahmefall, das ist extremes Niedrigwasser im Forggensee, an dessen nördlichem Ende das Ostallgäuer Dorf liegt. Dieser See wurde bis 1954 vor der Lechstaustufe 1 bei Roßhaupten künstlich geschaffen. Damals versank die Umgebung des Weilers Forggen im Wasser. Nur in der ganz besonders wasserarmen Zeit – etwa vor der Schneeschmelze im Frühjahr – kann der Wasserstand im Stausee so stark zurückgehen, dass dadurch die Spuren jenes römischen Straßendamms sichtbar werden, der sich entlang des westlichen Seeufers in Richtung Auerberg zieht. Sehen wird man dieses Stück Römerstraße also zumeist eher nicht. Jederzeit sieht man dagegen eine Fotografie des Straßendamms auf einer Infotafel beim Kunstpark Via Claudia Augusta am nördlichen Ufer des Stausees. Diesen Kunstpark neben der Landstraße – kurz vor dem östlichen Ortsrand von Roßhaupten – kann man kaum übersehen: Meterhohe

„Legionäre" im Kunstpark Via Claudia Augusta: Auf derartige Skulpturen stößt man im Allgäu an einigen Römerstätten.

hölzerne Skulpturen verkörpern hier drei mit Speeren bewaffnete römische Legionäre. Im Dorfmuseum entdeckt man den Abguss eines römischen Grabsteins, dessen Original in Augsburg gefunden wurde. Am Ufer über dem Forggensee zeigt die Kopie eines Meilensteins den Verlauf der Tourismusstraße Via Claudia Augusta an.

Eine Informationstafel der Tourismusstraße Via Claudia Augusta im Kunstpark informiert zu dem Straßendamm, der vermutlich zu einer Nebenstrecke der namensgebenden antiken Straße gehörte.

Der Auerberg ist 1055 Meter hoch. Auf der höheren seiner beiden Kuppen – dem Kirchberg – steht die Kirche St. Georg. Zur Zeit der Römer lag hier wenige Jahrzehnte lang eine Handwerkersiedlung.

Am Auerberg wurde Eisen für das römische Militär geschmiedet

Eine der ersten Zivilsiedlungen nördlich der Alpen entstand wohl früh – und wurde früh aufgegeben

Die beiden Kuppen des 1055 Meter hohen Auerbergs umschließt ein kilometerlanger Ringwall: Lange hat man vermutet, hier habe eine keltische Festung gelegen. Doch Grabungen ergaben: Der Wall hatte eine frührömische Ansiedlung geschützt. Hier lag seit der Zeit um etwa 13/14 n. Chr. eine Zivilsiedlung, vielleicht sogar die früheste der späteren Provinz Raetien. Selbst ein früher Verwaltungssitz auf dem Auerberg – dem „Schwäbischen Rigi" – wurde als denkbar erachtet.

Viele Funde ließen erkennen, „dass der Auerberg eine Schlüsselrolle in der Frage der frührömischen Okkupation und Kolonisierung des schwäbisch-bayerischen Hochlands einnimmt" (Günter Ulbert). Und das nicht etwa, weil hier prachtvolle Paläste und Thermen gestanden hätten wie in Kempten und Augsburg, sondern weil sich auf dem Auerberg quasi ein römischer „Gewerbepark" befand. Dort hat man Eisen verhüttet und in Schmieden zu Ausrüstungsgegenständen für das Militär verarbeitet. In einer großen Werkstatt – einer römischen

Ein „Historisches Fenster" am Rand eines Parkplatzes auf dem Auerberg vermittelt, wie die aus Holz errichteten sogenannten Streifenhäuser der römischen Handwerkersiedlung aussahen.

fabrica – wurden Katapulte für Pfeilgeschosse hergestellt. Man fand Spuren einer Bronzegießerei sowie die Relikte einer Glashütte und einer Töpferei. Es gibt zudem Hinweise darauf, dass in der Römersiedlung auf dem Auerberg auch gewebt und gesponnen wurde.

Für diese Handwerkersiedlung haben die Römer viel Erde und Stein abgegraben und anderswo aufgeschüttet. Sogar ein fünf mal sieben Meter langes Wasserbecken wurde in den Fels gehauen. Die Gebäude der Siedlung waren lediglich schlichte, wenn auch bis zu 20 Meter lange Holzbauten. Diese sogenannten Streifenhäuser hinterließen keine spektakulären Spuren: Darum gibt es auf dem Auerberg keine römischen Mauerreste zu besichtigen. Hinzu kommt, dass die Römer die Siedlung auf dem Auerberg schon Mitte des 1. Jahrhunderts aufgaben. Mit der Siedlung verschwand ihr Name: Man glaubt, dass es sich dabei um das von dem römischen Geografen Strabo erwähnte Damasia gehandelt haben könnte. Ein Kulturpfad hinauf zum Auerberg, der beim Auerbergmuseum in Bernbeuren beginnt, heißt deshalb „Via Damasia". An zwei Rundwegen sollen „Historische Fenster" das Aussehen der römischen Streifenhäuser vermitteln. Römisches gibt es auf dem Auerberg nicht viel zu sehen, sieht man einmal von den drei „Römern" ab, die hier einen Maibaum zieren. Wer mehr zur Römersiedlung wissen will, wird eher im Auerbergmuseum fündig.

Ein hölzerner „Legionär" weist unübersehbar auf die römische Abteilung des Auerbergmuseums in Bernbeuren hin.

Das Auerbergmuseum erklärt die Römersiedlung auf dem Auerberg

Das Museum in Bernbeuren informiert zu den Wällen, zu Streifenhäusern und todbringenden Geschützen

Auf dem Auerberg ist von den Römern nicht viel zu sehen, und die für die Archäologie so aufschlussreichen Wallanlagen sind für den Laien bestenfalls zu erahnen. Mehr zur Siedlung auf dem Auerberg erfährt man im Auerbergmuseum in Bernbeuren. Beheimatet ist das Museum im Kiebelehaus, einem für das Allgäu typischen Ständerbohlenbau aus dem 18. Jahrhundert. Damit niemand auf die Idee kommt, dass dieses kleine Handwerkerhaus vielleicht nur ein herkömmliches Heimatmuseum beherbergen könnte, „wacht" vor der Fassade ein römischer Soldat in Form einer hölzernen Skulptur. Der „Legionär" mit seinem bunt bemalten Schild ist kaum zu übersehen.

In der römischen Abteilung des überraschend innovativ konzipierten Auerbergmuseums entdeckt man unter anderem den Nachbau eines Katapultes – eines Pfeilgeschützes, wie es die Römer auch auf dem Auerberg konstruiert haben. (Das Original dieses Modells findet man übrigens im Südschwäbischen Archäologiemuseum in Mindelheim.) Modelle und Replikate, Abbildungen, Texte, Videos und nicht zuletzt

Die auch auf dem Auerberg gefertigten Katapulte gelten als Spitzenprodukte römischer Waffentechnik: Derartige Geschütze verschossen Bolzen und Steinkugeln mehr als hundert Meter weit.

ein Museumsfilm erklären kompakt und gut verständlich den Weg der Römer auf den Auerberg, die Lage der Wälle und die Funktion der Handwerkersiedlung. Das ehrenamtlich betreute Museum ist an Wochenenden und Feiertagen von 14 bis 16 Uhr geöffnet. Gruppen, insbesondere Schulklassen, werden nach Anmeldung geführt.

Das Miniaturmodell in einer der Vitrinen zeigt aus Holz gebaute Streifenhäuser, wie sie in der Siedlung auf dem Auerberg standen.

In einer Vitrine des Römerbads in Kohlhunden zeigt ein Landschaftsmodell die Lage und Formen der Gebäude der villa rustica. Auch der unterhalb des Gutshofs gelegene Weiher ist zu erkennen.

Bei Marktoberdorf: das Bad der villa rustica von Kohlhunden

Der Gutshof wenige Kilometer westlich des Auerbergs wurde von seinen Bewohnern unzerstört aufgegeben

Vom Auerberg lag die villa rustica im heutigen Kohlhunden – einem dörflichen Ortsteil von Marktoberdorf – nur gut zehn Kilometer in Richtung Westen entfernt. Dieser römische Gutshof gilt als einer der größten des Allgäus. Er ist vermutlich ab etwa 130 n. Chr. errichtet worden. Der Bauernhof wurde wohl bis kurz vor Mitte des 3. Jahrhunderts bewirtschaftet, dann aber ohne jegliche Kriegseinwirkung von seinen Bewohnern aufgegeben. Die Lage und die Ausdehnung des Haupthauses sowie der Wirtschaftsgebäude sind zwar bekannt, die Fundamente dieser Gebäude wurden allerdings nicht durch eine Grabung freigelegt. Ergraben wurden dagegen die Mauerreste des obligaten Römerbads. Sie sind hier unter dem Dach eines Schutzbaus (zu sehr eingeschränkten Zeiten) zugänglich. Durch die Glasfronten des Gebäudes sind die Relikte des Bads jedoch gut zu erkennen. Die bedeutendsten in Kohlhunden ergrabenen Funde wanderten wie üblich nach München. Doch in einigen Vitrinen im Schutzbau sind die Replikate hiesiger Grabungsfunde und solcher aus nahen

Der Schutzbau in Kohlhunden beherbergt die gut erhaltenen Relikte eines neun mal 13 Meter großen Badegebäudes.

Römerstätten zu sehen. In Kohlhunden wurde zum Beispiel ein nur wenig beschädigtes 23-teiliges Opfergeschirr ergraben. Auf dem Gelände neben der Staatsstraße 2008 hat man einen turmartigen römischen Getreidespeicher nachgebaut. Dort wurde außerdem ein kleiner Weinberg angelegt. Auch in Kohlhunden stehen drei meterhohe hölzerne Skulpturen, die römische Legionäre verkörpern.

In einer Vitrine im Schutzbau sind Replikate eines in Kohlhunden ergrabenen 23-teiligen Opfergeschirrs ausgestellt.

Ein Schutzbau auf der grünen Wiese beherbergt die villa rustica, die weit außerhalb des südlichen Ortsrandes der oberbayerischen Gemeinde Peiting liegt. Im Lehrgarten davor gedeihen im Sommer schon von den Römern angebaute Gemüsearten und Heilkräuter.

Peiting: zur villa rustica – und zum „Gärtnern" mit den Römern

Ein Schutzbau auf der grünen Wiese beherbergt die Relikte eines großen römischen Landguts im Lechtal

Sehr viel idyllischer als die villa rustica weit außerhalb des südlichen Ortsrandes der oberbayerischen Marktgemeinde Peiting könnte auch heute kaum ein Bauernhof liegen. Diesen Platz wählte ein römischer Bauer im 2. Jahrhundert n. Chr., um dort sein Landgut zu errichten. Die Peitinger villa rustica soll außerhalb Italiens zu den größten Anlagen ihrer Art gehören. Hier gab es natürlich auch, was noch den kleinsten römischen Bauernhof in der Provinz Raetien

Die villa rustica zeigt das Heizsystem des Badehauses sowie die selbst in ländlichen Bädern übliche Wandbemalung.

Der Blick durch die Glasfront des Schutzbaus erlaubt jederzeit den Blick auf Mauerreste des Badehauses der villa rustica.

auszeichnete: den Luxus eines Bads mit einer Warmluftheizung und bemalten Wänden. Mauerreste des hier ergrabenen Badehauses sind jederzeit und rundum durch die Glasfronten des Schutzbaus zu besichtigen. In einer Vitrine beim Schutzbau entdeckt man Keramiken und ein Wasserrohr. Im Lehrgarten vor dem Pultdachbau gedeihen Gemüsearten und Medizinalkräuter, die schon die Römer kannten.

Ein Schaukasten vor dem Eingang zur Peitinger villa rustica zeigt Samenstände und Samen der Pflanzen im Lehrgarten.

An zwei Seiten des Via-Claudia-Platzes empfängt eine Betonstele mit einem Porträtrelief des Kaisers Claudius die Besucher. Er ließ 46/47 die (nach seinem Vater benannte) Via Claudia Augusta als Staatsstraße durch Raetien ausbauen.

Altenstadt – drei Stufen für die Strasse: das Via-Claudia-Denkmal

Besucher des Via-Claudia-Platzes erfahren dort, wie die römische Straße im Lechtal gebaut wurde

Derart unverwüstlich war die römische Staatsstraße Via Claudia Augusta ab den Jahren 46/47 ausgebaut worden, dass sie noch im Mittelalter als Heerstraße zwischen Italien und Augsburg diente: Das verrät die Inschrift auf einer viereckigen steinernen Stele auf dem Via-Claudia-Platz im oberbayerischen Altenstadt. Ein im 1. Jahrhundert n. Chr. dort entstandenes Legionärslager sicherte die Römerstraße. Das castrum war die Keimzelle der Gemeinde Altenstadt, der Ursiedlung der später gegründeten angrenzenden Stadt Schongau. Auf dem Via-Claudia-Platz in Altenstadt wurde ein ursprünglich schon 1863 – die Inschrift zeigt die römische Zahl MDCCCLXIII – aufgestelltes Denkmal der Römerstraße 1973 wiederhergestellt. Bei diesem Gedenkstein hat man ein kurzes Stück dieser unter Kaiser Claudius ausgebauten Römerstraße rekonstruiert. Eine Art „Archäologisches Fenster" mit drei Stufen in der Mitte des Platzes zeigt dort seit dem Jahr 2008, wie überlegt (und frostsicher) der Unterbau

Ein kurzes Stück „Römerstraße", ein Informationspavillon, zwei hölzerne Stelen, die römische Soldaten darstellen, sowie drei Treppenstufen in den Untergrund – das Via-Claudia-Denkmal.

der jahrhundertelang genutzten römischen Straße angelegt worden war. Zunächst trugen die antiken Straßenbauer die Humusschicht ab. Das Schild an der tiefstgelegenen Stufe verrät, dass die unterste Schicht der Straße (die Standschicht) mit größeren Kieselsteinen von bis zu zwölf Zentimetern Durchmesser befüllt wurde. Die zweite, circa zehn Zentimeter starke Schicht bestand aus gestampftem Lehm. Darüber lag die dritte Schicht des Unterbaus, eine Deckschicht aus kleineren Kieselsteinen (bis zu drei Zentimeter Durchmesser). Auf den Unterbau trugen die Römer eine wassergebundene Sandschicht auf, die danach glattgewalzt wurde. Ein Informationspavillon auf diesem Platz vermittelt Wissenswertes zur Relaisstation Altenstadt und zu nahen Römerstätten.

Zwei hölzerne Skulpturen verkörpern römische Soldaten, die das Via-Claudia-Denkmal in Altenstadt „bewachen".

Ein Miniaturmodell in der Ausstellung im sogenannten „Römerlager – Das römische Augsburg in Kisten" zeigt einen Ochsenkarren auf einer mit Stein gepflasterten Straße. In Raetien waren Pflastersteine auf Straßen die große Ausnahme.

Römerstrassen in Raetien

Engmaschiges Verkehrsnetz für Militär und Handel

Raetiens römische Straßen waren zunächst für das Militär angelegt worden. Bald dienten sie auch dem Gütertransport und dem Handel. In der Mittleren Kaiserzeit, die mit Kaiser Hadrian (ab 117) begann, durchzog ein engmaschiges Straßennetz vom Alpenrand bis zum Limes die Provinz. Die zentrale Verkehrsachse war die von Kaiser Claudius nach seinem Vater Tiberius Claudius Nero Drusus benannte Via Claudia Augusta: Die Staatsstraße aus Italien nach Augusta Vindelicum endete kurz vor der Donau.

Die Luftbildarchäologie belegt eindrucksvoll, dass römische Straßenbauingenieure den kürzesten, möglichst geraden Weg zwischen zwei Stationen

Eine Infotafel am Via-Claudia-Denkmal zeigt das in Augsburg ergrabene Relief eines Händlers auf seinem Ochsenkarren.

Vom regen Straßenverkehr in Augusta Vindelicum zeugt in der Römer-Ausstellung im Augsburger Zeughaus ein Pflasterstein, der im Norden der Altstadt gefunden wurde. Zahllose Wagenräder haben tiefe Rillen in das antike Straßenpflaster gefräst.

suchten. Überschwemmungs- und Feuchtgebiete wurden gemieden. Eine trockene Fahrbahn war so wichtig, dass römische Straßen teilweise als Straßendämme konstruiert wurden. Den Aufbau solcher Straßen zeigt das Via-Claudia-Denkmal in Altenstadt. Meilensteine und Raststationen (wie die in Königsbrunn) säumten den Weg. In Raetien war Straßenpflaster (wie es in der Stadt Augsburg entdeckt wurde) eine seltene Ausnahme. Einen kurzen Abschnitt einer Geleisestraße auf felsigem Untergrund findet man bei Buchenberg im Oberallgäu. Das imposanteste Relikt einer alpinen Geleisestraße in Oberbayern gab sogar einem Dorf nah bei Garmisch-Partenkirchen den Namen – Klais.

Auch die Römer reisten gern etwas bequemer. Das zeigt der in Bronze gegossene doppelköpfige Panther im Augsburger „Römerlager". An diesem Aufsatz vom Hängestock eines Reisewagens hat man Ledergurte eingehängt. Dies diente der Federung der Sitze.

Um 14 v. Chr. wurde Epfach zum Militärstützpunkt. Um 300 wurde der Lorenzberg mit einer Mauer gesichert, wohl bis um 400 war dort römisches Militär stationiert. Die Kapelle St. Laurentius entstand dort wohl über Mauerresten einer frühchristlichen Kirche.

Römerstadt in der Lechschleife: zur üppigen „Venus von Epfach“

Eine Militärstation sicherte den Ort, an dem sich zwei römische Hauptverkehrsadern kreuzten

Es gibt wohl wenige Orte im Lechtal, die ihre römische Vergangenheit so unübersehbar und offensichtlich auch mit Stolz leben wie Epfach. Schon an den Ortseinfahrten dieses oberbayerischen Dörfchens mit seinen (Stand 2023) etwa 700 Einwohnern – ein Ortsteil von Denklingen – empfängt jeweils die in Bronze gegossene Halbbüste eines mit einem Wurfspeer bewaffneten Legionärs auf einer runden Betonstele. Auf den Stelen wurde der Name „ABODIACUM“ vertikal und in versalen Lettern angebracht.

Vor dem gleichnamigen kleinen Museum im Ort steht ein erstmals 1868 aufgestelllter viereckiger „GEDENKSTEIN AN DIE RÖMERSTADT ABODIACUM WELCHE VOR NAHEZU ZWEITAUSEND JAHREN AN DER STELLE DES JETZIGEN DORFES EPFACH GEGRÜND. WURDE“ – so die Inschrift. Der Gedenkstein zeigt auch das Relief einer römischen Öllampe: Bruchstücke einer aus Ton geformten Leuchte wurden auf

Die bronzene Halbbüste eines Legionärs empfängt an drei Epfacher Ortseinfahrten. Auf einer runden Säule darunter ist der römische Name dieses oberbayerischen Dörfchens – „ABODIACUM" – zu lesen.

dem Epfacher Lorenzberg gefunden. Die Lampe ist womöglich in einer Töpferei in Nordafrika gebrannt worden. Sie wurde mit einem Christogramm verziert: Der Fund wird deshalb als Beleg für frühe Christen im Lechtal interpretiert. Seit 1965 ist diese Lampe das Motiv des Wappenbildes von Epfach.

Das Museum Abodiacum erinnert an einen in Epfach geborenen Militär und Beamten

Via Claudia 16 lautet die Adresse des Museums Abodiacum, das sich als Ausgangspunkt eines Spaziergangs zu den römischen Spuren in Epfach anbietet. Das kleine, aber feine Museum ist tagsüber öffentlich zugänglich, die Dauerausstellung informativ und mit viel Liebe zum Detail gestaltet. Die Zeittafeln, Beschriftungen und Exponate der Dauerausstellung vermitteln die Geschichte der Römersiedlung in der Epoche von 14 v. Chr. bis zum Ende des 4. Jahrhunderts. Zwei Dioramen mit mehr als hundert Zinnfiguren veranschaulichen im Museum das Leben der Römer sowie ihre Bauwerke in Abodiacum. Im Zentrum des Ausstellungsraums steht eine große Vitrine mit dem Modell jener Befestigung, die um das

Das Christogramm auf einer auf dem Lorenzberg gefundenen zerbrochenen Tonlampe wurde zum Epfacher Wappenbild.

Auf dem Platz vor dem Museum Abodiacum erinnert eine Gedenksäule an die zweitausendjährige Geschichte des Dorfes.

Jahr 300 auf dem Lorenzberg erbaut wurde. Kleidung und Rüstung, Waffen und Kochgeschirr der lebensgroßen Figur eines Legionärs im Museum zeigen, wie Soldaten in Abodiacum ausgestattet waren.

Blickfänge in den Vitrinen des Museums Abodiacum sind zudem zwei Abgüsse. Der eine ist die Büste des ehemaligen Prokurators der

In die Fassade des Epfacher Mueums ist ein römisches Relief mit einer Hirtenszene eingelassen: Schafe weiden unter einem Baum.

Zwei Abgüsse Epfacher „Prominenz“ im kleinen Römermuseum: Claudius Paternus Clementianus (er war Prokurator der Provinz Noricum) und der Torso einer Statuette der Liebesgöttin Venus.

Provinz Noricum, Claudius Paternus Clementianus. Diese Provinz grenzte im Osten an Raetien an und erstreckte sich dort über weite Teile von Altbayern und Österreich. Dieser hochrangige Militär und Beamte wurde im Jahr 65 n. Chr. als Sohn eines keltischstämmigen Legionärs in Abodiacum geboren. Claudius Paternus Clementianus

Das Museum Abodiacum zeigt auch einen römischen Legionär lebensgroß, in voller Montur und mit dem Pilum – dem Wurfspeer.

Ein Miniaturmodell im Epfacher Museum zeigt, wie der römische Militärstützpunkt auf dem Lorenzberg angelegt war.

kehrte im Ruhestand in sein heimatliches Dorf am Lech zurück, wo er schließlich um das Jahr 139 verstarb.

Der zweite Abguss ist der Torso einer üppigen Nackten ohne Kopf. Diese kleine Venusstatue hatte man um das Jahr 1810 in Epfach gefunden. Eine Beschilderung beim Exponat verrät, dass die Statuette 1858 „durch den Wirt von Rauhenlechsberg" (ein Ortsteil des nahen Apfeldorf) an den Historischen Verein von Oberbayern in München verkauft wurde. Vielleicht lockte den Verkäufer das Geld, vielleicht trug aber auch die in den bayerischen Dörfern seinerzeit stark ausgeprägte Prüderie das Ihre dazu bei, dass der Verkäufer am Ende froh war, die Göttin der Schönheit, der Liebe und des

Eine der Vitrinen im Museum Abodiacum vermittelt mit einem Zinnfigurendiorama den Verkehr auf den beiden Römerstraßen, die bei der Siedlung an der engen Flussschleife des Lechs aufeinandertrafen.

Beim Bau des Epfacher Feuerwehrhauses im Jahr 1987 wurde ein römisches Brunnenhaus – ein sogenanntes Nymphäum – entdeckt. Eine Überdachung schützt das öffentlich zugängliche Denkmal.

erotischen Verlangens loszuwerden. (Im 19. Jahrhundert wurde auch hochrangige Bildhauerkunst der Renaissance wegen nackter antikischer Figuren weit unter Wert abgestoßen und teils sogar zerstört.)

Es passt zum pfleglichen Umgang mit der römischen Geschichte Epfachs, dass die Homepage des 1991 im früheren Feuerwehrhaus eröffneten Museums Abodiacum sehr informativ aufbereitet ist (www.denklingen.de/kultur-soziales/museum). Auf dieser Homepage wird sogar museumspädagogisches Material für den Schulunterricht zur Verfügung gestellt.

Ausgehend vom Museum Abodiacum führen zwei Erlebnisrouten zu jenen Orten, an denen Epfachs römisches Erbe auch außerhalb der Ausstellung sichtbar wird. Die eine leitet zum einstigen römischen Stützpunkt auf dem Lorenzberg, die andere in den Ortskern. Dort, etwas versteckt hinter dem neuen Feuerwehrhaus gelegen, findet man das sogenannte Nymphäum: Unter einem Schutzdach sind die Mauerreste des römischen Brunnenhauses zu sehen, das 1987 beim Bau des daran angrenzenden Feuerwehrhauses ergraben wurde. Das Nymphäum hat man damals um ein paar Meter vom ursprünglichen Standort wegversetzt. Im Inneren des vom Fundament gebildeten Quadrats sind die gemauerten Relikte eines halbrunden Wasser-

Zwei Steinsäulen (vielleicht römische Meilensteine) hat man wohl frühestens um 1830 dekorativ auf dem Lorenzberg platziert.

beckens zu erkennen. Das Brunnenhaus könnte zum Badehaus einer römischen Landvilla gehört haben. Das Nymphäum ist öffentlich zugänglich. Im Winter wird es aber zum Schutz vor Frösten abgedeckt.

Schon auf dem Weg zum Nymphäum sowie vom dortigen Schutzbau aus genießt man die Aussicht auf den Lorenzberg, dessen steil abfallende Flanken den dort stationierten Soldaten einen natürlichen Schutz vor Angreifern boten. Hinter der Kapelle St. Laurentius auf diesem Hügel ragt die unbewachsene Abbruchkante des östlichen Lechufers empor: Auch wenn man den Fluss nicht sieht, lässt die Geröllhalde erkennen, wie eng sich die Lechschleife um den Lorenzberg windet. Systematische Grabungen auf dem Lorenzberg fanden erstmals 1830 – nach dem Fund der „Venus von Epfach" – statt. Dabei kam zutage, dass für die Befestigung auf dem Hügel Spolien aus dem zerstörten Abodiacum – darunter Inschriftensteine – verbaut worden waren. Wohl erst in dieser Zeit oder noch später hat man auf dem Lorenzberg zwei abgewitterte Meilensteine (?) aufgestellt. Die Kapelle St. Laurentius wurde 1761 errichtet, angeblich (so der Denkmalführer „Dehio") über drei Vorgängerbauten, „darunter der wohl früheste christliche Sakralbau nördlich der Alpen". Er soll schon um 370 entstanden sein – noch ehe das Christentum 393 zur Staatsreligion wurde. Nach der „konstantinischen Wende" von 313 wäre das möglich gewesen. Gesicherte Erkenntnisse gibt es aber wohl nicht.

Ort am Verkehrsknotenpunkt

Zwei Römerstraßen ließen Abodiacum blühen

Der Pyr – das Wappenbild der Stadt Augsburg – soll auf den Pinienzapfen zurückgehen, der den Römern als ein Symbol der Fruchtbarkeit und der Unsterblichkeit galt. Wenige Dörfer in Bayern tragen ein Motiv aus der Römerzeit im Wappenbild. In Epfach ist es das Christogramm der Tonlampe, deren Fragmente auf dem Lorenzberg gefunden wurden. Auf diesem Hügel am Lech war wohl um 10 v. Chr. eine Militärstation angelegt worden. Dass sich Abodiacum ab ungefähr 50 n. Chr. zu einer Kleinstadt entwickeln konnte, lag daran, dass dort die Via Claudia Augusta die Römerstraße zwischen Bregenz (Brigantium) und Salzburg (Iuvavum) kreuzte. Als um 233 Alamannen in Raetien einfielen, wurde wohl auch Abodiacum zerstört. Und als der Limes um 254 an die Donau zurückverlegt und jetzt das Hinterland gesichert wurde, verlagerte man die Zivilsiedlung Abodiacum auf den Lorenzberg. Um 290/300 befestigten die Römer den Hügel mit einer 2,8 Meter starken Mauer. Um 356 zerstörten Juthungen, Angehörige des suebischen Stamms der Semnonen, Abodiacum erneut. Die Siedlung auf dem Lorenzberg wurde bald wieder aufgebaut. Unter Gratian, Kaiser von 375 bis 383, wurde die zivile Straßenstation noch einmal erweitert. Römisches Militär war vielleicht noch bis um das Jahr 400 auf dem Lorenzberg stationiert. Spolien aus der abgetragenen Wehrmauer hat man womöglich beim Bau der Lorenzkirche zweitverwendet.

In einem Wäldchen nördlich von Igling zeigt eine Bodensenke an, dass dort ab etwa 20 n. Chr. ein Brauchwasserkanal zwischen dem Singoldanstich und Augusta Vindelicum über das Lechfeld verlief.

In einem Waldstück bei Igling: Spuren eines römischen Kanals

Die Römer leiteten Wasser aus einem Singoldanstich über das Lechfeld bis in das antike Augsburg

Die Singold, der letzte größere Zufluss der Wertach, ist ein nur gut 50 Kilometer langes Flüsschen. Doch dieses unscheinbare Gewässer besaß für das römische Augsburg früh zentrale Bedeutung. In der Zeit um das Jahr 20 n. Chr. stachen die Römer nämlich die Singold an: Das ausgestaute Flusswasser floss durch eine rund 35 Kilometer lange Fernwasserleitung über die Hochterrasse zwischen Lech und Wertach. Der ungefähr acht Meter breite Kanal versorgte Augusta Vindelicum mit Brauchwasser. Die Ränder dieses offenen Grabens wurden mit Holzbrettern und Ruten befestigt. Das Singoldwasser lieferte auch die Antriebskraft für die Mühlen, es belieferte Gerber, Töpfer und Maurer mit Wasser, es versorgte die Thermen und entsorgte Kot und Urin aus den Latrinen. Diese Brauchwasserleitung wurde etwa 400 Jahre lang genutzt. (Sein Trinkwasser gewann das römische Augsburg mittels Ziehbrunnen und Regenwasserzisternen.) Der Graben, dessen Verlauf bis heute in einem Waldstück bei Igling zu erahnen ist, gab später einem nahen Ort den Namen – Graben.

MILIARIA AN DER VIA CLAUDIA AUGUSTA

Die Meilensteine in Raetien

Die Zählorte gaben jeweils die Entfernungen an

Die Via Claudia Augusta im Lechtal zwischen den Alpen und dem Kastell Submuntorium (Burghöfe bei Mertingen kurz vor dem südlichen Donautal) war quasi eine „Autobahn der Antike". Meilensteine in Form steinerner Säulen säumten diese Römerstraße in Raetien aber nicht nach jeder römischen Meile (milia), also nach je 1478 Metern, sondern vor allem als Orientierungspunkte an Straßenkreuzungen, Abzweigungen und Brücken. In Raetien führten viele Wege in die Provinzhauptstadt Augusta Vindelicum: Die Entfernung in Meilen wurde von dort aus gezählt. Auch Cambodunum (Kempten), Phoebiana (Faimingen) und der Legionsstandort Castra Regina (Regensburg) sind als Zählorte überliefert. Römische miliaria wurden oft als Spolien verbaut. Meilensteine, die man an der Via Claudia Augusta und anderen (touristischen) Römerstraßen sieht, sind keine Originale, sondern historischen Vorbildern nachempfunden.

Ahistorisch, aber originell: eine Römerstele als „Meilenstein" neben einer Infotafel am Radweg der Tourismusroute der Via Claudia Augusta in Graben.

Bei Ausgrabungen wurden die Relikte eines Brennofens aus dem römischen Töpferdorf Rapis entdeckt. Dieser Fund ist heute das Glanzstück in einem Museum der Stadt Schwabmünchen.

Rapis war ein grosses Zentrum der Töpferei im Alpenvorland

Reibschüsseln als Exportschlager: die Relikte eines Töpferofens im Museum der Stadt Schwabmünchen

An der römischen Straße, die von Cambodunum (Kempten) nach Augusta Vindelicum führte, entstand auf dem Gebiet der heutigen Stadt Schwabmünchen um das Jahr 50 n. Chr. das Töpferdorf Rapis. In 13 Anwesen dieses Dorfes mit seinen insgesamt nur 16 Gebäuden waren Töpferwerkstätten untergebracht. Neben den zur Straße hin giebelständig errichteten hölzernen Fachwerkbauten gab es hier lediglich zwei gemauerte Gebäude: das obligatorische römische Bad sowie (vermutlich) einen Tempel.

Rapis wurde zum größten Töpferzentrum im nördlichen Raetien. Dort waren ganze Familien damit beschäftigt, Haushaltsgeschirr herzustellen. Das Sortiment reichte von Öllämpchen bis zu meterhohen Keramiktöpfen für die Vorratshaltung von Lebensmitteln. Ein weit über die Grenzen Raetiens hinaus gehandelter Haushaltsartikel war die in Rapis getöpferte Reibschüssel (mortarium). An ihrer Innenseite wurde Quarzsand eingebrannt. Der enorme Bedarf an den tönernen

Im Museum der Stadt Schwabmünchen zeigt ein Modell, wie man sich die einfachen Bauten im Töpferdorf Rapis vorzustellen hat.

Reibschüsseln erklärt sich dadurch, dass sie sich zum Zerreiben von Zutaten und für das Anrühren jener Würzsaucen eigneten, die bei römischen Speisen eine wichtige Rolle spielten. So konnten Kräuter in derselben Schüssel zerrieben werden, in der dann noch weitere Zutaten einer Speise gemischt wurden.

Bei einem Raubzug von Germanen wurde das Töpferdorf Rapis zerstört

Als Germanen im 3. Jahrhundert einmal mehr in Raetien eindrangen, wurden Rapis und die meisten der dortigen Töpfereien zerstört. Die Dorfbewohner gaben danach die Produktion von Keramikprodukten auf. Anderthalb Jahrhunderte später war Rapis verödet. Dort ergrabene Relikte eines römischen Brennofens, ein Modell des Töpferdorfes Rapis und römische Keramiken, darunter auch Reibschüsseln, stellt das Museum der Stadt Schwabmünchen (Holzheystraße) aus.

Die Landschaft um Augsburg ist relativ rohstoffarm. Für die Töpferei geeigneter Ton findet sich jedoch nicht nur in den Böden im Tal der Wertach, sondern auch im Osten und im Westen von Augsburg. 1852 stieß man beim Bau der Eisenbahnstrecke zwischen Augsburg und Ulm bei Westheim auf eine römische Ziegelei. Außer Baukeramik fand man dort Modeln, in denen Teig für Gebäck geformt wurde.

Die Relikte des Königsbrunner Mithräums umhüllt ein Schutzbau, der das Düstere und Höhlenartige der häufig unterirdischen Kultstätten der Mithrasverehrung vermitteln soll. Das Mithrasheiligtum vor den Toren von Augsburg ist eines von wenigen, die im heutigen Bayern ergraben wurden.

DAS MITHRASHEILIGTUM UND DAS RÖMERBAD VON KÖNIGSBRUNN

Eines der wenigen Mithräen im heutigen Bayern – nebenan ein Denkmal römischer Wasserversorgung

Das Mithräum in Königsbrunn liegt ungefähr 14 Kilometer südlich der Grenzen des römischen Augsburg: Das dort ergrabene Mithrasheiligtum ist die einzige (noch sicht- und begehbar) erhaltene Kultstätte des Mithraismus in der einstigen römischen Provinz Raetien. Der im 2. und 3. Jahrhundert n. Chr. im Römischen Reich praktizierte Mithraskult kam ursprünglich wohl aus Persien und war Männern vorbehalten. Die Verehrung des Mithras – einer mythologischen Personifizierung der Sonne – war zunächst vor allem unter den römischen Soldaten weit verbreitet. Dieser Mysterienkult gilt wegen religiöser Parallelen sowohl als Konkurrent wie auch als Wegbereiter des Christentums im Imperium Romanum.

Das Königsbrunner Mithräum liegt auf dem Areal des städtischen Friedhofs. Ein musealer Schutzbau mit einem Außenmaß von rund

Der Schutzbau auf dem Areal des Königsbrunner Friedhofs: Die Relikte der Kultstätte (die hier in der Schreibweise „Mithraeum" beworben wird) können durch ein Fenster besichtigt werden.

neun mal zehn Metern umhüllt dort die Relikte der Kultstätte. Das niedrige und im Inneren düstere Museumsgebäude soll den für die Mithräen typischen höhlenartigen Raumeindruck nachempfinden lassen. Die Mauerreste dieser Kultstätte können jederzeit durch ein Fenster besichtigt werden. Führungen im Mithräum informieren zur Entdeckung der Anlage, zur Ausgrabung und zum Mithraskult.

Das Bad erinnert an den Kanal, der dem antiken Augsburg das Brauchwasser lieferte

Ebenfalls auf dem Areal des Königsbrunner Friedhofs – nur wenige Schritte vom Mithräum entfernt – deuten Gabionen die Lage der Fundamente eines römischen Bads an. Denn die ergrabenen Mauerreste eines Badehauses liegen dort knapp anderthalb Meter tief im schützenden Erdboden. Diese Anlage war kein privates Bad, sondern eine öffentliche Einrichtung: Die Therme gehörte zur Infrastruktur der letzten Straßenstation an der Via Claudia Augusta vor dem römischen Augsburg, der Siedlung Ad Nonas. Das Bad erinnert an die über das Lechfeld nach Augsburg verlaufende römische Staatsstraße, es ist aber zugleich ein Denkmal der römischen Wasserversorgung im antiken Augusta Vindelicum. Das Wasser für dieses Bad stammte nämlich aus einem Kanal, der an der höher gelegenen

Die im Boden verborgenen Fundamente des römischen Bads auf dem Königsbrunner Friedhof werden von Gabionen angedeutet.

Hangkante verlief. Dieser Kanal, für den die Römer das Flüsschen Singold angestochen hatten, führte rund 35 Kilometer weit über das Lechfeld und versorgte Augusta Vindelicum ab etwa 20 n. Chr. mit Brauchwasser für Thermen und Handwerk. Tagtäglich lieferte diese Fernwasserleitung circa 85 Millionen Liter Wasser. In einem Pavillon beim Römerbad informiert eine Beschilderung zur Therme

Ein Infopavillon vermittelt mit Texten, Abbildungen und einem kleinen Gebäudemodell aus Metall Wissenswertes zum Römerbad.

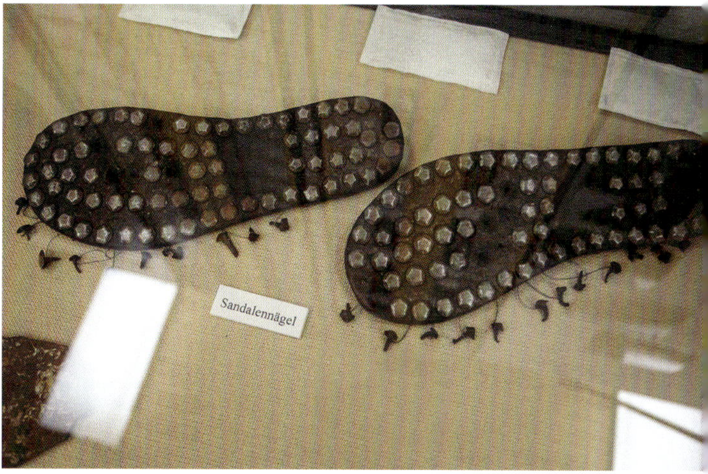

Im Archäologischen Museum Königsbrunn erinnern Sohlennägel römischer Marschstiefel an die Soldaten, die auf der Via Claudia Augusta in Richtung Augusta Vindelicum und Limes marschierten.

der Straßenstation Ad Nonas. Ihr Name zeigte an, dass sie nur noch neun römische Meilen von Augusta Vindelicum entfernt lag.

Sohlennägel römischer Marschstiefel im Archäologischen Museum Königsbrunn

Das Prunkstück des Archäologischen Museums Königsbrunn ist zwar das Grab eines Glockenbechermannes. Doch hier entdeckt man auch Funde aus römischer Zeit: So zeigen hier die Nägel, mit denen die Sohlen römischer Marschstiefel (caligae) beschlagen waren, dass Scharen von Soldaten über die Via Claudia Augusta in Richtung Augusta Vindelicum oder Limes zogen. Auch das Replikat einer Legionärsrüstung ist in diesem Museum zu besichtigen, das im Rathaus der Stadt Königsbrunn (Marktplatz 7) untergebracht ist.

Im Archäologischen Museum Königsbrunn ist unter anderem auch das Replikat der Rüstung eines Legionärs ausgestellt.

Die Römer in Augsburg

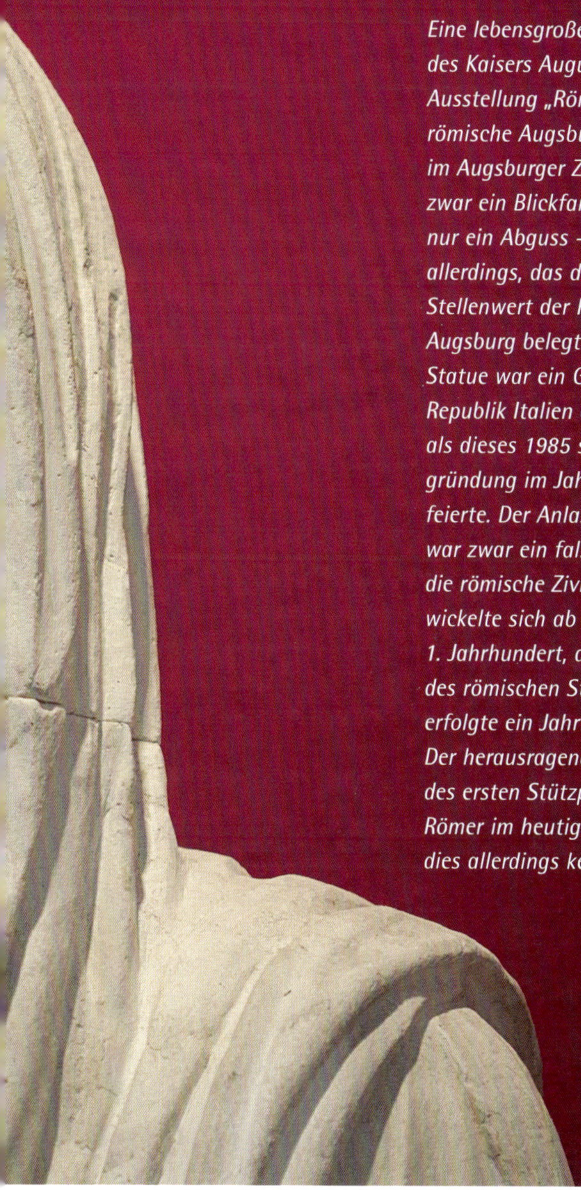

Eine lebensgroße Statue des Kaisers Augustus in der Ausstellung „Römerlager – Das römische Augsburg in Kisten" im Augsburger Zeughaus ist zwar ein Blickfang, aber doch nur ein Abguss – ein Replikat allerdings, das durchaus den Stellenwert der Römerstadt Augsburg belegt. Denn diese Statue war ein Geschenk der Republik Italien an Augsburg, als dieses 1985 seine Stadtgründung im Jahr 15 v. Chr. feierte. Der Anlass der Feier war zwar ein falscher, denn die römische Zivilsiedlung entwickelte sich ab dem frühen 1. Jahrhundert, die Verleihung des römischen Stadtrechts erfolgte ein Jahrhundert später. Der herausragenden Bedeutung des ersten Stützpunktes der Römer im heutigen Bayern tut dies allerdings keinen Abbruch.

Augsburg feiert Kaiser Augustus – verkörpert durch die bronzene Figur auf dem Pfeiler des Augustusbrunnens vor dem Rathaus – als Stadtgründer. Richtig ist: In seiner Regierungszeit errichteten römische Truppen 15 v. Chr. ein Lager im heutigen Stadtgebiet. Doch eine Stadtgründung lag damals noch in ferner Zukunft.

Augsburg – die glanzvolle Hauptstadt der Provinz Raetien

Das „Römerlager", eine Ausstellung im Zeughaus, zeigt die große Bedeutung der Römerstadt am Lech

Über die Bedeutung der Römerstadt Augsburg und ihrer Sehenswürdigkeiten gehen die Ansichten offenbar ziemlich weit auseinander. Das ehemalige Römische Museum in der Renaissance-kirche St. Magdalena musste 2012 wegen Baufälligkeit geschlossen werden. Die sehenswerte Ausstellung („Römerlager – Das römische Augsburg in Kisten") in der Toskanischen Säulenhalle des Zeughauses konnte in der Folge trotz einer sehr ambitionierten Präsentation ein neues Museum für die teils international bedeutenden Augsburger Römerfunde nicht wirklich ersetzen. Ein neues Römisches Museum rangierte bei den diversen Stadtregierungen auf der Prioritätenliste angesichts teurer kommunaler Aufgaben ganz weit unten. Dabei machte der Althistoriker Prof. Dr. Gunther Gottlieb in einem Gastbeitrag in der „Augsburger Allgemeinen" vom Februar 2022 deutlichst klar: „Augsburg ist eine der wichtigsten Römerstädte." Derart

Das Mündungsdreieck zwischen Lech und Wertach war der Grund für die Entstehung der Römerstadt Augsburg. Dass der Lech auch ein Transportweg war, belegen Relikte eines Flusshafens.

wenig macht die Stadt aus ihrer antiken Vergangenheit, dass dies zu der etwas abstrusen Situation geführt hat, dass zum Beispiel eine Website (www.rom-in-deutschland.de) nach einer Beschreibung der Römerausstellung im Zeughaus zum Schluss kommt: „Ansonsten ist in Augsburg leider nicht so viel zu sehen, da die früheren Anlagen der Hauptstadt Raetias im allgemeinen [sic] überbaut wurden." Das ist so aber nicht ganz richtig: Denn trotz aller Überbauungen, und obwohl zahllose Funde vorerst im Depot und folgerichtig unsichtbar bleiben: In der Altstadt von Augsburg lassen sich doch etliche, wenn auch weit verstreute Spuren der Römer entdecken – man muss nur wissen, wo. Dasselbe gilt für das Augsburger Umland. Schließlich war Augusta Vindelicum jahrhundertelang die Hauptstadt Raetiens und damit das Verwaltungszentrum dieser römischen Provinz, ein bedeutender Handelsplatz sowie ein wichtiger Militärstandort.

1985 feierte Augsburg seine angebliche Stadtgründung im Jahr 15 v. Chr. – was weniger den historischen Tatsachen geschuldet war als ein politisch festgesetztes Datum, das den Anlass für ausgiebige Festivitäten bot. Zwar hatten römische Legionen 15 v. Chr. die Alpen überquert und die im Voralpenland lebenden Kelten besiegt. Doch mit einer Stadtgründung hatte dieses Ereignis noch wenig zu tun. Jüngste Grabungsfunde haben aber immerhin zweifelsfrei belegt:

„Römerlager – Das römische Augsburg in Kisten“ nennt sich die Ausstellung im Zeughaus. Das Römische Museum wurde 2012 geschlossen. Seitdem lagern in solchen Kisten viele Funde im Depot.

Ein Militärlager im Mündungsdreieck zwischen den beiden Flüssen Lech und Wertach war der erste feste römische Stützpunkt im heutigen Bayern. Es lag an einem strategisch günstigen Punkt des Voralpenlands – an einem Platz im erst 1911 nach Augsburg eingemeindeten Stadtteil Oberhausen. Das Mündungsdreieck, das die Römer vorgefunden hatten, wurde allerdings durch mehrere Hochwasserereignisse sowie durch die Flusskorrektion im 19. Jahrhundert nordwärts verlagert. Für die Archäologie hat sich diese Verlagerung des Flussbetts von Lech und Wertach als vorteilhaft erwiesen: 2021 konnte so in Augsburg-Oberhausen der größte Silbermünzenschatz ergraben werden, der jemals im heutigen Bayern entdeckt wurde. Es war ein Sensationsfund.

Das Militärlager am Zusammenfluss von Lech und Wertach bestand vermutlich immerhin von 8/5 v. Chr. bis 15/16 n. Chr. Mit den immer wiederkehrenden, mitunter verheerenden Hochwassern des Lechs in den Tagen der Schneeschmelze in den nahen Alpen musste stets gerechnet werden: Nachdem ein Hochwasser dieses Lager zerstörte, wurde es aufgegeben. Um künftig vor den reißenden Fluten sicher zu sein, gründeten die Römer eine Siedlung auf der Schotterhochterrasse zwischen den Gebirgsflüssen Lech und Wertach. Im Gebiet des heutigen Domviertels wurde ein ungefähr zehn Hektar großes

In der Regierungszeit von Kaiser Tiberius entstanden im Gebiet des heutigen Augsburger Domviertels ein Kastell und eine Zivilsiedlung. Eine der Büsten römischer Herrscher in den Treppenhäusern des Augsburger Rathauses verkörpert Tiberius.

Militärlager errichtet. In seinem Umfeld entstand die Zivilsiedlung Augusta Vindelicum, die Keimzelle des heutigen Augsburg, wenn man vom kurzen Zwischenspiel der Römer im heutigen Stadtteil Oberhausen einmal absieht. Die Zivilsiedlung entstand in den Jahren zwischen 15 n. Chr. und 20 n. Chr. Es war die Epoche der Herrschaft des römischen Kaisers Tiberius. Sein Vorgänger Augustus hatte ihn adoptiert. Tiberius regierte das Imperium Romanum von 14 n. Chr. bis 37 n. Chr.

Im 2. Jahrhundert wurde das römische Augsburg zur neuen Provinzhauptstadt

Seit 46/47 n. Chr. war der Militär- und Handelsplatz am Lech durch die römische Staatsstraße Via Claudia Augusta mit Oberitalien verbunden. Auch nach der Aufgabe des Militärlagers um 70 n. Chr. entwickelte sich die Zivilsiedlung am Lech weiter. Um 121 n. Chr. stattete Kaiser Hadrian (er regierte von 117 n. Chr. bis 138 n. Chr.) die Siedlung mit dem römischen Stadtrecht aus. Ihr offizieller Name lautete nun Municipium Aelium Augustum. Im 2. Jahrhundert löste die Römerstadt am Lech Kempten (Cambodunum) als Hauptstadt der unter Tiberius oder Claudius gebildeten Provinz Raetien ab.

Relief des Merkur: Das Römische Museum Augsburg verfügt über den bayernweit größten Bestand an römischen Steindenkmälern.

Im 2. und 3. Jahrhundert entwickelte sich ein blühendes Gemeinwesen mit einem Forum, Tempeln, Bädern und einer Markthalle. Seit der Zeit um 170/180 n. Chr. wurde die auch Aelia Augusta genannte Stadt durch eine Wehrmauer geschützt. Vor dieser Mauer erstreckten sich entlang der Ausfallstraßen Gräberfelder. Durch die Verwaltungsreform Diokletians (Kaiser von 284 n. Chr. bis 305 n. Chr.) wurde das nun wieder Augusta Vindelicum genannte Augsburg zur Hauptstadt Flachlandraetiens, der Raetia secunda. Zur Hauptstadt der alpinen Raetia prima wurde jetzt Chur (Curia) in Graubünden.

Wohl schon um 233 hatten die Alamannen erstmalig den Limes durchbrochen. Bis zur Mitte des 3. Jahrhunderts war der Grenzwall nicht mehr zu halten. Die Nordgrenze der Provinz Raetien verlegten die Römer jetzt zurück an die Donau. Die Iller war nun

Ein Prunkstück der Römerausstellung im Augsburger Zeughaus ist der Korpus einer steinernen Sphinx.

Das Relief eines Grabmals zeigt Arbeiter beim Verschnüren eines Warenballens: Augusta Vindelicum war ein zentraler Handelsplatz.

Raetiens westliche Grenze. Brandspuren belegen, dass das römische Augsburg zwischen 270 und 280 wohl mehrfach angegriffen wurde. Dennoch blieb Augusta Vindelicum im 4. und bis ins 5. Jahrhundert in seiner ganzen Fläche hinter den schützenden Mauern besiedelt. Und nach wie vor saßen die Militär- und die Zivilverwaltung in der Provinzhauptstadt am Lech. Doch ab der Mitte des 4. Jahrhunderts war das Umland mit seinen bis dahin zahlreichen Gutshöfen bereits weitgehend entvölkert. Die Kleinstädte in der Region waren nach und nach aufgegeben worden. Die römische Militär- und Zivilverwaltung nördlich der Alpen und damit auch im antiken Augsburg endete schließlich irgendwann in der Mitte des 5. Jahrhunderts.

Der vergoldete Helm eines Römers und der Siegesaltar erinnern an Kämpfe und Kriege

An die unruhigen kriegerischen Zeiten erinnern exemplarisch zwei Exponate der Ausstellung „Römerlager – Das römische Augsburg in Kisten" in der Toskanischen Säulenhalle des Zeughauses: 1897 hatte man im 1911 eingemeindeten Augsburger Stadtteil Pfersee einen vergoldeten spätrömischen Gardehelm aus dem 4. Jahrhundert gefunden. Am Gänsbühl wurde 1992 der „Augsburger Siegesaltar" entdeckt. Seine Inschrift bezeugt, dass Ende April des Jahres 260 raetische Truppen „Barbaren" der germanischen Stämme der Juthungen

RÖMISCHE FLUSSSCHIFFFAHRT UND FLÖSSEREI

Verkehrsweg und Fundort

Prahme transportierten Kalkquader lechaufwärts

Nachdem die Römer um 15 v. Chr. das Alpenvorland und damit auch das Gebiet entlang des Lechs bis hin zur Donau erobert hatten, nutzten sie diesen Gebirgsfluss als Transportweg. Wohl mit Flößen wurden Bauholz und Steine flussabwärts bis nach Augsburg befördert. Kalkquader von der Alb transportierten die Römer von der Donau auf flachen Lastkähnen – Prahmen – lechaufwärts. Derartige Transporte waren nur bei niedrigem Wasserstand möglich. Diese Prahme wurden durch Staken und abschnittsweise durch Treideln flussaufwärts bewegt. In der Ausstellung „Römerlager – Das römische Augsburg in Kisten" sind die Relikte eines Flusshafens am Lech zu besichtigen. Die Flüsse Lech und Wertach (wie übrigens auch der Brauchwasserkanal auf dem Lechfeld) wurden später zu Fundorten: Die vergoldete Bronzestatuette eines Genius Populi Romani wurde 1991 aus dem Lech geborgen. Und in der Wertach fand man einen bronzenen Pferdekopf, der wohl zu einem römischen Quadriga-Standbild gehörte.

Römerfund aus der Wertach: der bronzene Pferdekopf.

Auch ein in Augsburg-Pfersee gefundener vergoldeter Gardehelm ist in der Römerausstellung im Augsburger Zeughaus zu sehen.

oder Semnonen niedergemacht und vertrieben hatten. Durch diesen Sieg konnten Tausende gefangengenommene Italiker befreit werden. Das Seitenrelief des Siegesaltars zeigt eine triumphierende Victoria: Vor der Verkörperung des Sieges kniet ein nackter gefesselter Barbar.

Viele weitere Exponate überliefern die Bau- und Handwerkskunst, Kultur und Techniken der römischen Zivilisation. 1910/13 wurden in einer Kiesgrube am Lech mehr als 10 000 Einzelfunde (Waffen, Werkzeuge, Ausrüstungsgegenstände und viele für die Datierung wichtige Münzen) geborgen. Die Ausstellung „Römerlager – Das römische Augsburg in Kisten“ in der Toskanischen Säulenhalle im Zeughaus zeigt als Interimslösung bis zum Bau eines neuen Römischen Museums letztlich „nur“ einen (sehenswerten) Ausschnitt der spektakulärsten Römerfunde aus Augsburg und dem bayerischen Schwaben.

Der Siegesaltar von 260 zeigt Victoria, die Göttin des Sieges.

Ein vollkommenes antikes Kunstwerk und das wohl prominenteste Artefakt der Ausstellung „Römerlager – Das römische Augsburg in Kisten" im Augsburger Zeughaus: Der aus Bronze gegossene, einst vergoldete Pferdekopf war wohl Teil eines Quadriga-Standbildes.

Statt Museum: das „Römerlager" in der Toskanischen Säulenhalle

Die Ausstellung im Augsburger Zeughaus zeigt einen Ausschnitt der teils europaweit bedeutenden Funde

„Römerlager – Das römische Augsburg in Kisten" nennt sich eine Ausstellung, die in der Toskanischen Säulenhalle des Zeughauses zu besichtigen ist. Wo einst die Kanonen und Spieße eines reichsstädtischen Waffenarsenals lagerten, wird seit der Schließung des Römischen Museums in der profanierten Kirche St. Magdalena ein kleiner, wenn auch ambitioniert und überaus sehenswert zusammengestellter Ausschnitt herausragender Römerfunde aus der raetischen Provinzhauptstadt Augusta Vindelicum präsentiert. Sieben Themenkomplexe erklären auf 777 Quadratmetern das römische Augsburg – Stadtgründung, Militär, Handel, Römerstraßen, die römische Götterwelt, das Privatleben der Römer und ihre Bestattungsriten. Diese Römerausstellung in diesem Renaissancebau setzt den inhaltlichen Schwerpunkt auf etliche Beispiele aus den weit mehr als tausend in Augsburg gefundenen Steindenkmälern mit Weihinschriften zu Ehren der Götter sowie mit Ehren-, Grab- und Bauinschriften. Denn

Eines der bekanntesten Steindenkmäler Bayerns ist das in Augsburg aufgefundene Grabmal eines römischen Weinhändlers. Auf Abgüsse des Reliefs des Fuhrmanns mit dem Ochsenkarren stößt man auch beim Limeseum in Ruffenhofen und andernorts.

das Römische Museum in Augsburg verfügt wohl über die bayernweit umfangreichste Sammlung römischer Steindenkmäler.

Ein bronzener Pferdekopf ist das wohl bekannteste Exponat der Römerausstellung

Das wohl bekannteste Exponat der Ausstellung ist aber der lebensgroße, ursprünglich vergoldete bronzene Pferdekopf, der vermutlich Teil einer Quadriga – also eines Streitwagens – aus dem 1./2. Jahrhundert n. Chr. war: Er wurde aus der Wertach geborgen. Im Lech fand man die vergoldete Bronzestatuette des Genius Populi Romani, des Schutzgeistes des römischen Volkes. Daran, dass die Römer den Gebirgsfluss als Verkehrsader und Transportweg nutzten, erinnern hölzerne Relikte eines Schiffshafens, die am Gänsbühl – am nordöstlichen Rand der Augsburger Altstadt – ergraben wurden. Diese Relikte hat man im Zentrum der Römerausstellung aufgebaut.

In der Römerschau sind natürlich Keramiken und Gläser zu sehen. Ein äußerst anmutig wirkendes Artefakt ist die 22 Zentimeter hohe Bronzestatuette einer sandalenlösenden Venus. 52 Goldmünzen eines Schatzfundes erinnern an die Markomannenkriege in der Zeit von

Ein Relief des im Augsburger Lechviertel gefundenen Grabmals eines Pompeianius Silvinus zeigt eine Szene, bei der es in einer Weinschenke – einer taberna – ans Bezahlen geht.

166 bis 180. Diese Phase der Auseinandersetzungen zwischen dem Römischen Reich und germanischen sowie sarmatischen Stämmen fiel in die Regierungszeit des Philosophenkaisers Marc Aurel. Aus dem 4. Jahrhundert stammt ein vergoldeter Offiziershelm: Auch er zählt

Die „Tabula Peutingeriana" stellt Straßen und Orte im späten Römischen Reich kartografisch dar. Im Augsburger Zeughaus wird die Straßenkarte – auf sieben Meter Länge vergrößert – präsentiert.

In der Ausstellung im Zeughaus ist auch die vergoldete Bronzestatuette des Genius Populi Romani, des Schutzgeistes des Volkes von Rom, zu sehen. Dieses Artefakt wurde im Lech entdeckt.

zu den Glanzstücken dieser Ausstellung. Die Ausstattung römischer Legionäre – Helm, Kettenhemd und ein Kurzschwert am Gürtel – zeigt das Replikat einer Rüstung. Aus der Mitte des 4. Jahrhunderts stammt ein weiterer Höhepunkt der Römerschau – eine Glasschale, die den Sündenfall darstellt: Diese „Adam-und-Eva-Schale" ist der älteste datierbare Nachweis für das Christentum im heutigen Bayern. Das weit gespannte römische Straßennetz verdeutlicht eine sieben Meter lange Abbildung der berühmten „Tabula Peutingeriana".

Eine aus leeren Depotkisten aufgestapelte „Wand" bildet die Kulisse der Ausstellung. Diese Depotkisten stehen symbolisch für zahlreiche bedeutende Funde, die ohne ein Museum nicht zu besichtigen sind. So mancher Ausstellungsbesucher dürfte sich fragen: Ein Gag der Ausstellungsgestalter? Eine subtile Form des Protestes?

Auch im Augsburger Zeughaus ist das Replikat der Rüstung eines römischen Legionärs zu besichtigen.

Bei der Tordurchfahrt des Peutingerhauses hat man mehrere antike Steine eingemauert. Sie gehörten einst zu einer Sammlung des Humanisten und Geschichtsschreibers Konrad Peutinger.

Am Peutingerhaus: Inschriften am Beginn der Römerforschung

Konrad Peutinger sammelte antike Steine – ein bei seinem Haus eingemauertes Grabmal erinnert daran

Mit dem Humanisten Konrad (IV.) Peutinger begann die Augsburger Römerforschung. Der 1465 geborene Kaufmannssohn hatte in Italien Rechtswissenschaften studiert. Dieser Augsburger Jurist und Stadtschreiber sammelte römische Münzen und Steindenkmäler. Nach ihm ist die „Tabula Peutingeriana" benannt, von der eine Abbildung in der Römerausstellung im Zeughaus zu sehen ist. Die spätrömische Straßenkarte blieb durch eine Kopie aus dem 12. Jahrhundert erhalten. Der Nürnberger Humanist Conrad Celtis hatte diese Handschrift gefunden und sie um 1507 Konrad Peutinger geschenkt. An der Tordurchfahrt sowie im Innenhof des Peutingerhauses entdeckt man von Peutinger gesammelte und dort – neben Inschriftensteinen mit hebräischen Zeichen – eingemauerte römische Steindenkmäler. An der Innenseite der Toreinfahrt des Peutingerhauses findet man das Grabmonument eines Iulianus Iulius, der im frühen 3. Jahrhundert verstarb. Das Relief seines Grabmals zeigt einen mit einer Toga bekleideten Mann. Seine Hand liegt auf der Schulter eines Knaben.

Christen in Augusta Vindelicum

Der bayernweit älteste Beleg für das Christentum

Der Zeit vor 360 konnte eine Trinkschale zugeordnet werden, deren Scherben 2017 in einer Abfallgrube im Augsburger Domviertel gefunden worden waren. In das Glas der Schale ist das Motiv des Sündenfalls eingeritzt: Adam und Eva, die Schlange und der Baum der Erkenntnis samt verbotener Äpfel. Diese „Adam-und-Eva-Schale" könnte Bayerns erster Nachweis für Christen sein, denn der Augsburger Beleg für frühes Christentum ist älter als der Grabstein der um das Jahr 400 verstorbenen Regensburger Christin Sarmanna. Von einer noch früheren, aber wohl legendären Christin zeugt das Martyrium der heiligen Afra, die 304 bei einer Christenverfolgung auf einer Lechinsel verbrannt worden sein soll. Venantius Fortunatus, Bischof von Poitiers, beschrieb um 565 den Kult um diese Märtyrerin.

1064 wurden die Gebeine geborgen, die man für die Überreste der Märtyrerin Afra hielt. Sie wurden in einem römischen Sarkophag bestattet: Der Steinsarg ist in der Unterkirche der Basilika St. Ulrich und Afra zu sehen.

Beiderseits der „Römermauer“ zwischen Domvorplatz und Fronhof sowie auf dieser Mauer stehen Abgüsse antiker Steindenkmäler.

An und auf der „Römermauer“: Abgüsse von Steindenkmälern

Ein kleines Freilichtmuseum auf dem Domvorplatz erinnert an die Fülle von Römerfunden in der Stadt

Südlich des Doms endete einst wohl der mauerumwehrte Teil der römischen Provinzhauptstadt Augusta Vindelicum. Am westlichen Rand des Domvorplatzes, südlich des romanisch-gotischen Doms und nur wenige Schritte vom Peutingerhaus entfernt, hat man 1954 aus Ziegeln die sogenannte Römermauer errichtet: ein Freilichtmuseum, an dem man die Abgüsse einiger der prominentesten Augsburger Steindenkmäler aufgestellt hat. Das Relief des Grabmals eines Weinhändlers, das einen mit Fässern beladenen Ochsenkarren zeigt, ist hier ebenso zu sehen wie ein Relief aus der Zeit um 200 n. Chr., das Ballenbinder beim Verschnüren eines Warenballens darstellt. Bei und auf der Römermauer stehen steinerne Pinienzapfen: Die sogenannte Zirbelnuss wurde zum Augsburger Wappenbild. Eine Zirbelnuss bekrönt auch das fast sieben Meter hohe Grabmal des Marcus Aurelius Carus, das um 200 n. Chr. entstand. Am Rand des Platzes liegen die Mauerreste der ab der Karolingerzeit erbauten Kirche St. Johannes Baptist. Dort markiert eine Pflasterung die Fundamente eines römischen Peristylhauses, das mit dieser Kirche überbaut wurde.

Als im Diözesanmuseum St. Afra ein Archäologisches Fenster geschaffen wurde, kamen Relikte römischer Wohnbebauung zutage.

Fragmente antiker Wohnbauten im Diözesanmuseum St. Afra

Bei Grabungen für ein Archäologisches Fenster fand man auch Spuren von römischer Wohnbebauung

An der Nordseite des romanisch-gotischen Augsburger Doms ist das Diözesanmuseum St. Afra (Eingang Kornhausgasse) in historischen und in neu erbauten Räumen um den Domkreuzgang untergebracht. In diesem Museum ermöglicht ein Archäologisches Fenster den Blick auf die Mauerreste des Dombaus aus karolingischer Zeit. Als sie freigelegt wurden, fand man dort auch Relikte darunter liegender Schichten römischer Wohnbebauung. In einer Vitrine beim Archäologischen Fenster sieht man deshalb Fundstücke aus der Epoche vom 2. bis zum 5. Jahrhundert. Auf dem Fragment eines römischen Wandfreskos haben sich mediterran leuchtende Farben anderthalb Jahrtausende lang gut erhalten.

Das Archäologische Fenster im Diözesanmuseum St. Afra.

Im Archäologischen Garten im Augsburger Domviertel werden diverse Techniken römischer Baumeister und Handwerker erklärt.

Der Archäologische Garten im Augsburger Domviertel

Erst eine römische Kaserne, dann ein römisches Bad: ein Freilichtmuseum vermittelt Bautechnik der Antike

Der Archäologische Garten liegt im Domviertel – quasi im Zentrum des römischen Augusta Vindelicum. Schautafeln und Markierungen auf dem Areal am Äußeren Pfaffengässchen geben einen Überblick über die Nutzung dieser Fläche seit der Antike. Zunächst war dieses Grundstück mit einer römischen Kaserne bebaut. Vom 2. bis zum 4. Jahrhundert existierte hier ein römisches Bad. Die Therme wurde im Mittelalter mit einem Karmelitenkloster überbaut.

Ein Schichtenmodell im Archäologischen Garten zeigt die unterirdischen Strukturen aus der Antike und dem Mittelalter. Techniken römischer Baumeister und Handwerker werden in diesem Freilichtmuseum mit Informationstafeln und Exponaten unter einer Überdachung erklärt: Welches Material wurde verwendet und wie wurde es verarbeitet? Woher kamen die Rohstoffe, wie wurden sie transportiert? Quader und Säulen belegen das Können römischer Bauingenieure und Steinmetze. Nachbildungen erklären zudem antike Technologien wie die Fußbodenheizung und einen römischen Herd.

Eine Acrylplatte schützt das römische Relief des sogenannten Sieben-Kindel-Steins. Um diese Spolie rankt sich eine Stadtsage.

Römische Spolien: Die Legende um den Sieben-Kindel-Stein

Sechs Eroten ohne ein ertrunkenes Kind – und ein römischer Stein am mittelalterlichen Stadttor

Am Rand der Jakobervorstadt entdeckt man eine Spolie aus dem 3. Jahrhundert: Der antike Stein wurde in die Fassade des Hauses Bei den Sieben Kindeln 3 eingemauert. Dieses Relief zeigt sechs spielende Kinder beziehungsweise Eroten. Das Steindenkmal wurde lange für die Längsseite eines Sarkophags gehalten, in dem ein Kind bestattet wurde. Deshalb hat sich um diese Spolie eine Stadtlegende gebildet: Die Volkssage hat ein siebtes, nicht dargestelltes Kind in einem Kanal ertrinken lassen. Die Stärke des Steins lässt aber eher vermuten, dass es sich dabei um eine Bauplastik handelt. Spolien sieht man auch im stadtseitigen Mauerwerk des wenige hundert Meter weiter östlich gelegenen Jakobertors.

Eine der nur sehr wenigen im Stadtbild sichtbaren römischen Spolien entdeckt man im Ziegelmauerwerk des Jakobertors.

Der römische Sarkophag in der Krypta der Augsburger Ulrichsbasilika erinnert an eine Christenverfolgung im antiken Augsburg.

In einem römischen Sarkophag: die Gebeine der Bistumsheiligen?

Der Steinsarg einer bekehrten Bordellbetreiberin soll an eine Christenverfolgung unter Diokletian erinnern

Um das Jahr 565 beschrieb der Hagiograf Venantius Fortunatus, der Bischof von Poitiers, den Kult um die frühchristliche Märtyrerin Afra. Sie wurde als die einzige Märtyrerin Süddeutschlands verehrt. Ihr lateinischer Name bedeutet „die Afrikanerin". Sie soll um 304 im Zuge der Christenverfolgung unter Kaiser Diokletian auf einer Lechinsel an einen Baumstamm gebunden und verbrannt worden sein.

Der Legende nach soll Afra die Tochter des ermordeten Königs von Zypern gewesen sein. In Augusta Vindelicum habe sie nach ihrer Flucht ein Bordell betrieben. Narcissus – er war Bischof von Gerona in Spanien – habe sie bekehrt und getauft. Als Afra ihr Freudenhaus schloss, hätten sie enttäuschte Freier als Christin angezeigt. So weit die fromme Legende. Experten bezweifeln jedoch, dass Afra mehr ist als eine literarische Fiktion. Gesichert ist: Im Jahr 1064 gehobene Gebeine, die man seinerzeit dieser Heiligen zugeordnet hat, wurden in einem römischen Steinsarg bestattet. Er ist in der erst 1962/63 gestalteten Unterkirche der katholischen Basilika St. Ulrich und Afra zu besichtigen. Dieser Sarkophag birgt einen gläsernen Schrein, in dem die Gebeine der Bistumspatronin Afra ruhen sollen.

Am Hettenbach in Oberhausen steht der Abguss eines Pfeilergrabmals des Juristen Marcus Aurelius Carus und dessen Familie.

An der Wertachmündung: die Wiege der Römerstadt Augsburg

Römer erreichten 15 v. Chr. das Mündungsdreieck von Lech und Wertach – dort entstand ein Militärlager

Der 1911 eingemeindete Augsburger Stadtteil Oberhausen ist die Keimzelle von Augusta Vindelicum: 1913 fand man in einer Kiesgrube im durch Hochwasser und Flusskorrektion längst verlagerten Mündungsdreieck von Lech und Wertach eiserne Relikte eines von Hochwasser zerstörten Militärlagers. Diese Funde stammten aus der Zeit von 8 v. Chr. bis 9 n. Chr. – angeblich so viele, dass sie „wagenweise" abtransportiert wurden. 2021 ergrub man in Oberhausen den nächsten spektakulären Römerfund: Aus dem Kies einer Baustelle am Wertachufer bargen Archäologen Funde mit einem Gesamtgewicht von 400 Kilogramm – darunter eine mit dem Sonnengott Sol verzierte Öllampe, Silberschmuck, Werkzeuge und Waffen. Dort fand man auch den größten römischen Silbermünzenschatz, der je in Bayern gehoben wurde: Rund 5600 Denare – geprägt im 1. und 2. Jahrhundert n. Chr. – wogen allein bereits 15 Kilogramm.

Seine römische Vergangenheit sieht man dem von Industrie und Gewerbe geprägten (westlich des Lechs nördlichsten und direkt an

Ein Relief auf dem Pfeilergrabmal des römischen Soldaten T. Flavius Clemens stellt die Familie des Verstorbenen dar.

Gersthofen angrenzenden) Stadtteil Oberhausen nicht an. Im Zentrum von Oberhausen (an der Ecke Hirblinger Straße/August-Wessels-Straße) findet sich allerdings der Abguss des 1709 an der Zollernstraße entdeckten Pfeilergrabmals eines T. Flavius Clemens: Dieser Soldat der Dritten Italischen Legion und Schreiber des Provinzstatthalters starb im Alter von 24 Jahren. Das viereinhalb Meter hohe Grabmal aus Jura-Kalkstein wurde um 200 n. Chr. für ihn sowie seine Eltern Primanus und Clementina und seinen Bruder Martialis errichtet. Es gilt als das besterhaltene römische Grabmal Süddeutschlands. Das Relief in der oberen Etage dieses Pfeilergrabmals stellt die Familie dar. Die eine Schmalseite dieses Steins zeigt eine Tischszene mit vier Männern. Das Relief einer Frau, die womöglich Ceres – die Göttin der Fruchtbarkeit – verkörpert, ziert die andere.

Vor dem Gebäude der Deutschen Rentenversicherung Schwaben steht am Ufer des Hettenbachs (unweit der Mündung der Wertach in den Lech) der Abguss eines weiteren Grabmals. Dieses bis auf seine Bekrönung vollständig erhaltene sechs Meter hohe Pfeilergrabmal des Rechtsgelehrten Marcus Aurelius Carus und seiner Familie wurde 1998 an der angrenzenden Hofer Straße entdeckt.

In der Inschrift des Pfeilergrabmals, das 1998 an der Hofer Straße ergraben wurde, findet sich der Name des römischen Rechtsgelehrten Marcus Aurelius Carus.

Mit dem Augustusbrunnen vor dem Rathaus und zahlreichen anderen Kunstwerken erinnerte die Reichsstadt Augsburg im 16., 17. und 18. Jahrhundert – im öffentlichen Raum wie in den Stadtpalästen – an die Gründung der Stadt durch die Römer.

Roms Kaiser, Römische Götter

Wo in Augsburg Kunstwerke an die Antike erinnern

Die Renaissance, welche die Geschichte der Provinz Raetien und der römischen Kaiser, antike Gottheiten und antike Kunst in der Frühen Neuzeit in der Reichsstadt Augsburg erfuhren, ist für das heutige Bayern wohl ziemlich singulär. Die Auseinandersetzung mit der Antike und der römischen Stadtgründung bot reichen Augsburgern des 16. und 17. Jahrhunderts die Möglichkeit, ihre humanistische Bildung herauszustreichen. Der Chronist Markus Welser erforschte noch vor 1600 Inschriften der in Augsburg so zahlreich aufgefundenen Spolien und schrieb ein Werk zur antiken Geschichte Augsburgs („Rerum augustanarum vindelicarum libri octo"). In seinem Verlag „Ad insigne pinus" gab Welser 1598 den Druck einer Straßenkarte des spätrömischen Reiches – der „Tabula Peutingeriana" – heraus. Diese Darstellung des antiken Straßennetzes ist nach dem Augsburger Humanisten Konrad Peutinger benannt, der schon im frühen 16. Jahrhundert die Veröffentlichung dieser Karte angestrebt hatte.

Die Betonung ihrer römischen Stadtgründung nutzte die Reichsstadt bewusst für die politische Propaganda im Konflikt mit dem

DIE RÜCKKEHR DER RÖMER IN DER KUNST

Im Unteren Fletz des Augsburger Renaissancerathauses stößt man auf die Bronzebüste von Kaiser Augustus. Die Büsten der römischen Herrscher sollten gegenüber dem nahen München das weit höhere Alter der (darum vornehmeren) Reichsstadt betonen.

nahen, sehr viel jüngeren München. Das höhere Alter einer Stadt steigerte ihr Prestige: Auch das sollte die Stadt am Lech vor dem Zugriff der Wittelsbacher schützen helfen. Darum platzierte die Reichsstadt 1594 den Augustusbrunnen vor ihrem (damals noch gotischen) Rathaus. Auf den Pfeiler des Monumentalbrunnens stellte man demonstrativ die überlebensgroße Bronzefigur des römischen Kaisers. Das Motiv des vermeintlichen Stadtgründers im Gestus eines Imperators verherrlichte auch die Habsburger.

Der Kotau vor dem Kaiserhaus durch die Gleichsetzung mit den Kaisern Roms setzte sich im Renaissancerathaus mit dem 14-teiligen Büstenzyklus römischer Cäsaren fort, den der Stadtgießer Wolfgang Neidhardt bis 1626 schuf. Diese Bronzebüsten sind Meisterwerke der Gießkunst. Gemeinsam mit den Wandfresken und Holzbüsten im Goldenen Saal sowie den Porträts römischer Politiker und Feldherren im südwestlichen Fürstenzimmer ist diese „Galerie der Römer" ein Info-Point sowie eine schon museumsähnliche Einrichtung zur Geschichte Raetiens.

Der Augsburger Rat ließ mit Neidhardts Bronzebüsten die nach dem Jahr 120 erschienenen Kaiserbiografien Suetons „zitieren". Dieser römische Geschichtsschreiber hatte in seinem Werk „De

Zwei der insgesamt 14 Cäsarenbüsten im Unteren Fletz sowie in den beiden Treppenhäusern des Augsburger Rathauses verkörpern Gaius Julius Cäsar (links) und den berühmt-berüchtigten Kaiser Nero.

vita Caesarum" das Leben der zwölf römischen Alleinherrscher geschildert: Die ersten waren Gaius Julius Cäsar (bis 44 v. Chr.) und Kaiser Augustus (27 v. Chr. bis 14 n. Chr.), Tiberius (14 bis 37), Caligula (37 bis 41), Claudius (41 bis 54) und Nero (54 bis 68). Suetons Werk umfasste außerdem die Viten der Herrscher im turbulenten „Vierkaiserjahr": Galba (68 bis 69), Otho (69), Vitellius (69) und Vespasian (69 bis 79). Das Werk des Gaius Suetonius Tranquillus schließt mit den Söhnen und Nachfolgern Kaiser Vespasians, Titus (79 bis 81) und Domitian (81 bis 96).

Jeweils in einer Rundnische über den Aufgängen zu den beiden Treppenhäusern im Augsburger Rathaus findet man die Büsten der Kaiser Hadrian (nördlich) und Septimius Severus (an der südlichen Wand). Hadrian (117 bis 138) und Septimius Severus (193 bis 211) ergänzen die suetonische Reihe wohl deshalb, weil die Stadt unter dem Ersteren das Stadtrecht erhalten hatte und weil das raetische Straßensystem unter den Herrschern aus dem Haus der Severer ausgebaut worden war. Die vier Büsten in den Giebeln der Portale im Unteren Fletz des Rathauses verkörpern an der nördlichen Wand Cäsar sowie die drei Kaiser Tiberius, Claudius und Galba. Vier Büsten an der südlichen Wand stellen die Kaiser Augustus, Caligula, Nero und Otho dar. Im nördlichen

In einer der beiden Rundnischen im Unteren Fletz des Rathauses sieht man die Büste Kaiser Hadrians: In seiner Regierungszeit erhielt Augusta Vindelicum das römische Stadtrecht.

Treppenhaus folgen die Büsten der Kaiser Vitellius und Vespasian, im südlichen Treppenhaus die Büsten der beiden Flavier Titus und Domitian. Titus ist nicht zuletzt deswegen unvergessen, weil er 70 n. Chr. nach monatelanger Belagerung Jerusalem eroberte und dort den Tempel zerstörte. Im großen Jüdischen Krieg ver-

Das nördliche Treppenhaus des Rathauses schmückt unter anderem eine Bronzebüste, die Kaiser Vespasian verkörpert.

Unter Kaiser Claudius (links) wurde die Via Claudia Augusta bis an den Rand des Donautals ausgebaut. Unter Kaiser Tiberius wurde die Provinz Raetien wohl formal eingerichtet.

loren angeblich mehr als eine Million Menschen ihr Leben. Roms Herrscher im letzten Jahr des Kriegs war der Vater des Titus, der Flavier Vespasian. Er sanierte Roms marode Staatsfinanzen unter anderem durch eine Latrinensteuer. Darum wird Vespasian das

Die Wandfresken im Goldenen Saal des Augsburger Rathauses zeigen an der Nordwand antike Herrscher: Unter den sieben dort dargestellten römischen Kaisern sind auch Trajan und Aurelian.

Bonmot „[Pecunia] Non olet" („Geld stinkt nicht") zugeschrieben. Beide Treppenhäuser führen zum Goldenen Saal des Rathauses hinauf. An der Nordwand dieses Saals verkörpern überlebensgroße Wandfresken sieben vorchristliche römische Herrscher. In Schriftkartuschen liest man die Namen der Kaiser Aurelian, Septimius Severus, Antoninus Pius, Vespasian, Trajan, Augustus (die Schriftkartusche unter seinem Fresko nennt ihn „Octavian") und Gaius Julius Cäsar. An dieser Wand ist als Achter außerdem Alexander „der Große", der König der Makedonen, abgebildet. Die südseitige Wand des Goldenen Saals zieren die Wandfresken acht christlicher Kaiser, unter ihnen zwei Römer: Konstantin I. „der Große" und Theodosius „der Große". Theodosius war von 379 bis 394 Regent des oströmischen Reiches sowie 394/395 – freilich nur einige wenige Monate lang – auch der Herrscher des zum letzten Mal ungeteilten Römischen Reiches gewesen.

Unter den mit Blattgold gefassten Bildschnitzerarbeiten im Goldenen Saal entdeckt man bei genauerem Hinsehen erneut den wohl bekanntesten aller Römer: Eine Büste verkörpert dort

Unter den acht christlichen Herrschergestalten an der Südwand des Goldenen Saals sind auch zwei römische Kaiser zu finden: Konstantin und der Oströmer Theodosius.

Eine der aus Holz geschnitzten, mit Blattgold gefassten Büsten im Goldenen Saal des Augsburger Rathauses dürfte sicherlich Gaius Julius Cäsar personifizieren.

Gaius Julius Cäsar. Über dem südlichen Prunkportal sitzen vergoldete Figuren zweier römischer Gottheiten: östlich die römische Göttin Minerva mit Helm und Lanze als Sinnbild für Weisheit, Wissen und Wehrhaftigkeit sowie westlich die Göttermutter Cybele mit Stadtkrone und Zweig. Die zinnenbesetzte Mauerkrone der Cybele, der „Magna Mater" der Römer, spielt auf die römische Stadtgründung Augsburgs an. Die hölzerne Büste eines unbekannten Römers bekrönt das

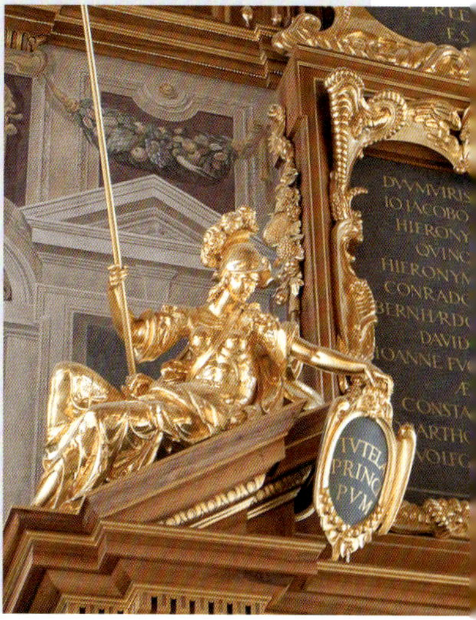

Auf dem Südportal im Goldenen Saal des Augsburger Rathauses verkörpert eine Figur Minerva, die römische Göttin der Weisheit, des Wissens und der Wehrhaftigkeit.

DIE RÜCKKEHR DER RÖMER IN DER KUNST

Portal im angrenzenden südwestlichen Fürstenzimmer. Die Namen eines Römers sowie den einer raetischen Sagengestalt verraten dagegen die beiden Porträtgemälde in diesem Raum. Eines der Gemälde zeigt Drusus „Germanicus" – jenen Feldherrn, der 15 v. Chr. für die Eroberung Raetiens mitverantwortlich war. Als Sieger in diesem Feldzug bekam Drusus seinen ehrenden Beinamen. Als Symbolfigur der besiegten Raeter ist zudem ein gewappneter Krieger namens „Rhaetus" abgebildet. Römische Historiker wie Plinius der Ältere hatten eine Legende von der Abstammung der Raeter verbreitet: Die Raeter seien angeblich Nachkommen von Etruskern gewesen, die vor den Kelten aus Italien geflohen waren. Angeführt habe sie ein R(h)aetus. Nach ihm habe sich der Volksstamm dann nördlich der Alpen benannt.

Auch außerhalb des Rathauses wurde die römische Geschichte der Reichsstadt Augsburg durch Kaiserbüsten in Stadtpalästen reicher Patrizier unterstrichen, etwa in zwei Fuggerhäusern an der heutigen Maximilianstraße. Besonders intensiv war jedoch offenbar die Beziehung der Augsburger zu zwei der römischen

Zwei Porträts im südwestlichen Fürstenzimmer des Rathauses zeigen den Eroberer Raetiens, den römischen Feldherrn Drusus, sowie den Namensgeber aller Raeter, den „Etrusker" Rhaetus.

Mit der fast lebensgroßen Bronzefigur des Gottes Merkur für den Garten eines Fugger begann in Augsburg um 1530 die Zeit der Renaissancebrunnen. Römische Gottheiten, Kaiser Augustus und Sagengestalten verdrängten die zuvor üblichen Heiligenfiguren.

Gottheiten: Der eine war Merkur, die Gottheit der Kaufleute und der Diebe, des Reichtums und der Wege. Der zweite war Neptun, der Gott des Wassers und damit der Flüsse und Meere.

1599 wurde nach dem Modell von Adriaen de Vries die Figur des Gottes Merkur für den Merkurbrunnen vor St. Moritz gegossen. Die Figur des Götterboten sollte auch dem Kaiser huldigen.

DIE RÜCKKEHR DER RÖMER IN DER KUNST

Merkur (der griechische Hermes) galt zudem als Götterbote – so wie der Kaiser auch: Deshalb wollte man mit der 1599 auf dem Pfeiler des Merkurbrunnens vor St. Moritz aufgestellten Bronzefigur des antiken Gottes dem christlichen Herrscher schmeicheln.

Als ein Sinnbild für die Stärke des Kaisertums diente überdies die bronzene Figur des Halbgottes Herkules auf dem Pfeiler des nahen Herkulesbrunnens. Den griechischen Helden Herakles hatten die Römer in ihre Götterwelt übernommen. Auf den drei vergoldeten Reliefs am Pfeiler des Herkulesbrunnens ließen die Ratsherren die Motive der römischen Stadtgründung Augsburgs, das Aufeinandertreffen (Bündnis) der Stadtgöttinnen Roma und Augusta sowie einen Triumphzug der Augusta darstellen.

Generell wurde die Trinkwasserversorgung in der Reichsstadt Augsburg reichlich oft und gern mit der römischen Mythologie in Verbindung gebracht. Gott Neptun sieht man etwa auch am Neptunbrunnen bei der Fuggerei. Die erste beinahe lebensgroß

Am Herkulesbrunnen versinnbildlichte die Reichsstadt Augsburg ihre Stadtgründung durch die Römer: Auf einem der vergoldeten Reliefs am Pfeiler des Brunnens reichen sich die Stadtgöttinnen Roma und Augusta – Rom und Augsburg – die Hände.

Als um 1625 für ein Fuggerhaus eine Arkadenwand mit einem Wasserkasten erbaut wurde, ließ man den Einlaufhahn aus dem Mund eines Neptunreliefs ragen. Den Wassergott der Römer kennzeichnen die Attribute Dreizack, Ruder, Fisch und Frosch.

in Bronze gegossene Augsburger Brunnenfigur verkörperte den Gott des Wassers. Diese Figur zierte ursprünglich wohl den Lustgarten Raymund Fuggers. Auf dem Jakobsplatz steht heute ein Abguss dieser Gottheit mit dem Dreizack und dem Delfin. Die Originalfigur stellt das Maximilianmuseum (Fuggerplatz) aus.

Angesichts der Qualität der Trinkwasserversorgung der Reichsstadt Augsburg – ihre vorindustriellen Wasserwerke und deren Wassertürme sowie die drei Monumentalbrunnen sind heute Objekte des UNESCO-Welterbes – verwundert es nicht, dass der Wassergott Neptun hier immer wieder als Motiv an den Wasserkästen, den Auslaufbecken am Ende der früheren Röhrwasserleitungen, auftaucht. Das wohl prominenteste Beispiel ziert eine Arkadenwand im Hof des Höhmannhauses, die 1625 von Stadtwerkmeister Elias Holl geplant und vermutlich auch selbst errichtet wurde. Dieses Anwesen hatte Holl kurz zuvor an Graf Hieronymus Fugger, den Herrn von Wellenburg und Rettenbach, vermakelt. Im Zentrum dieser Arkadenwand steht ein Wasserkasten, dessen Auslaufhahn vom steinernen Relief eines Fratzenkopfes gerahmt wird. Dieser Maskaron stellt den Meeres- und Wassergott Neptun samt seinen Attributen dar. Im 18. und 19. Jahrhundert hat man vier- oder fünfeckige

An Augsburger Wasserkästen, den serienmäßig gefertigten gusseisernen Auslaufbecken reichsstädtischer Röhrwasserleitungen, wurden im 18. und 19. Jahrhundert häufig Wassergott Neptun auf dem Delfin und die schaumgeborene Venus abgebildet.

gusseiserne Wasserkästen serienmäßig produziert: Auf Reliefs an den Außenwänden dieser Wasserkästen taucht als ständig wiederkehrendes Motiv Neptun mit seinem Dreizack auf dem Rücken eines Delfins auf, in der Regel neben der Göttin Venus.

Noch in der barocken Malerei spielte Gott Neptun in Augsburg eine tragende Rolle: Der Wassergott ist auch ein zentrales Motiv im Deckenfresko des Felicitassaals im Maximilianmuseum.

Ebenfalls im Maximilianmuseum sieht man in einer Galerie zwei weitere antikisierende Barockfresken. Eine dieser Malereien stellt wohl die Göttin Venus mit dem Trojaner Aeneas – und damit die Ahnfrau und den Stammvater Roms – dar.

Das vornehme Augsburg zeigte im Zeitalter des Barocks und des Rokokos durch die Darstellung des Neptun Weltläufigkeit und Bildung: Um 1706 entstand jener Neptun, der im barocken Deckenfresko des Felicitassaals im Maximilianmuseum (Fuggerplatz 1) im Getümmel eines olympischen Götterhimmels als Wasserschütter abgebildet ist. Als Interieur des Museums ist dieses Deckengemälde ebenso zugänglich wie zwei weitere um 1706 geschaffene Deckenfresken in einer langgestreckten Galerie des Hauses: Eine Malerei stellt die Gottheiten Juno und Aeolus dar. Das zweite Fresko zeigt die Göttin Venus mit dem Trojaner Aeneas. Venus verehrten die Römer als ihre Ahnfrau (worauf selbst ein Gaius Julius Cäsar stolz gewesen sein soll). Den Aeneas, der die aus dem von den Griechen zerstörten Troja Geflüchteten nach Latium geführt haben soll, feierten die Römer (wohl in politischer Absicht) als den Stammvater Roms. Es mag Zufall sein: Doch die Anspielung auf die Herkunft der Römer und damit auf Augsburgs römische „Herkunft" könnte durchaus eine feinsinnige bürgerstolze Antwort auf den 1704 missglückten Versuch der Wittelsbacher im mehr als 1150 Jahre jüngeren München gewesen sein, die alte Reichsstadt am Lech dem Kurfürstentum Bayern einzugliedern. Während des von den Wittelsbachern mitverursachten Spanischen Erbfolgekriegs

DIE RÜCKKEHR DER RÖMER IN DER KUNST

Den römischen Gott des Wassers und der Meere hat Gregorio Guglielmi 1767 in seinem Deckenfresko („Der Handel verbindet die Erdteile") für den Festsaal im Schaezlerpalais dargestellt.

hatten bayerische Truppen Augsburg 1703 beschossen, erobert und danach schamlos geplündert. Von März bis August 1704 (bis zur Schlacht bei Höchstädt) hatte Kurfürst Max Emanuel der Reichsstadt eine bayerische Verwaltung aufgezwungen.

Römische Gottheiten (auch Putten mit Attributen römischer Götter) haben sich in etlichen Patrizierpalästen im Augsburger Stadtzentrum erhalten. Viele sind jedoch nicht oder nur unter bestimmten Voraussetzungen zugänglich. Weil aber auch das Schaezlerpalais (Maximilianstraße 46) ein Haus der Kunstsammlungen und Museen Augsburg ist, können dort Fresken von Gregorio Guglielmi aus den Jahren 1766/67 während der Öffnungszeiten besichtigt werden. Das Deckenfresko im Festsaal dieses Stadtpalastes eines Silberhändlers symbolisiert die Bedeutung des Welthandels: Abgebildet sind dort auch die römischen Gottheiten Neptun und Merkur. Einmal mehr verkörpern hier antike Götter die für Augsburg (neben der Politik im Reich) so bedeutenden Themen Wasser und Handel. Im Deckenfresko über dem Treppenhaus hat Guglielmi die sieben freien Künste sowie die römischen Götter Merkur und Apollo dargestellt.

Immerhin im Rahmen von Führungen ist ein Kaiserzyklus in den Badstuben der Fuggerhäuser (Maximilianstraße/Zeugplatz) zu

Das Deckenfresko Guglielmis im Festsaal des Schaezlerpalais zeigt Merkur, den römischen Gott der Kaufleute und der Diebe, des Reichtums und der Wege mit einem überquellenden Füllhorn.

besichtigen. Die Cäsarenbüsten in diesem Raumkunstwerk des Manierismus (wo im Übrigen sehr wohl gebadet worden sein dürfte) sind keine Originale: Dort verlorengegangene Cäsarenbüsten wurden im 19. Jahrhundert durch Abgüsse ersetzt. Doch auch diese neueren Büsten erinnern daran, dass es die Fugger gewesen sein könnten, welche die Mode der Kaiserzyklen nach

Den römischen Handelsgott und Götterboten Merkur sieht man im Deckengemälde über dem Treppenhaus des Schaezlerpalais.

DIE RÜCKKEHR DER RÖMER IN DER KUNST

Für die Badstuben in den Fuggerhäusern ließ Hans Fugger 1560 in Venedig Kaiserbüsten besorgen. Dieser Zyklus ging aber später verloren. Er wurde im 19. Jahrhundert durch Abgüsse ersetzt.

Augsburg gebracht haben könnten. Cäsarenbüsten sieht man heute noch in der Durchfahrt des Höhmannhauses (ebenfalls ein ehemaliges Fuggerhaus) zum dortigen Innenhof. Auf einen mehrteiligen Kaiserzyklus stößt man auch im Inneren des Koepfhauses am Fuggerplatz, wo ein Gastronomiebetrieb empfängt.

Eine Büste in den Badstuben am Zeugplatz stellt Kaiser Tiberius dar (links). Kaiserbüsten sieht man auch in der Toreinfahrt des Höhmannhauses, das früher ebenfalls einem Fugger gehörte.

Im Koepfhaus, einem Stadtpalast am Fuggerplatz, findet man einen mehrteiligen Kaiserzyklus. Wenn der dortige Gastronomiebetrieb geöffnet hat, sind sie meist problemlos zu besichtigen.

Diese Reihe beginnt (hier genannt in der zeitlichen Abfolge der Herrscher Roms) mit Cäsar und Augustus und führt über Tiberius, Caligula, Claudius und Nero bis hin zu Galba. Dass der Zyklus folglich mit dem ersten Cäsaren im sogenannten Vierkaiserjahr (68/69 n.Chr.) endet, spricht dafür, dass der Zyklus nur noch in reduzierter Form erhalten ist. Anderes ist dagegen ganz verschwunden, wie etwa die Abbildung von Venus und Mars in einer nicht mehr erhaltenen Fassadenmalerei des ehemaligen Rehlingerhauses (Philippine-Welser-Straße 20).

Im Gebiet der einstigen römischen Provinz Raetien – zwischen Alpen und Limes, Lech und Iller – sieht man wohl nur im Festsaal des Neuen Schlosses in Oettingen einen Büstenzyklus, der dem im Augsburger Rathaus halbwegs nahekommt. Ansonsten sind die Dichte und Qualität der Darstellungen von Cäsaren und Göttern durch bildende Kunst wie in Augsburg wohl beispiellos. Die Augsburger hatten das Römische an Augsburg also oft vor Augen: Noch im frühen Industriezeitalter galt die Beschäftigung mit der Antike hier als Bildungsnachweis. Als Friedrich Hessing um 1890 im heutigen Augsburger Stadtteil Göggingen auf dem Areal seiner Orthopädischen Heilanstalt die sogenannte Hessingburg errichtete, ließ er ein Maskaron mit dem Antlitz des Gottes Neptun in der Anmutung des eben aufkommenden Jugendstils

DIE RÜCKKEHR DER RÖMER IN DER KUNST

Wirkt wie Renaissance, ist aber viel jünger: Wassergott Neptun ziert seit etwa 1890 die Fassade über dem Grottenbrunnen an der Hessingburg im heutigen Augsburger Stadtteil Göggingen.

an der Fassade über einem Grottenbrunnen anbringen. Bis 1877 ließ sich der Augsburger Industrielle Johannes Haag die sogenannte Haag-Villa (Johannes-Haag-Straße) errichten. Das Innere des Neorenaissancebaus ließ der findige Fabrikant, der die erste Zentralheizung Deutschlands gebaut hatte, mit antikisierenden Fresken schmücken: Dort streut die Frühlingsgöttin Flora Blüten. Ob Haag wusste, wie sehr sich frühchristliche Autoren darüber erregt hatten, dass Prostituierte und Tänzerinnen Roms zum Fest der Flora (den Floralia Ende April) einen Striptease vorführten?

1912/14 wurde am Königsplatz der sogenannte Königsbau (Bürgermeister-Fischer-Straße) errichtet. Eine Kopfbüste des Gottes Merkur ziert die rückseitige Fassade an der Zeuggasse.

Antike trifft auf Jugendstil: Sogar am erst bis zum Jahr 1914 errichteten ehemaligen Königsbau beim Königsplatz schmückt eine Kopfbüste des Handelsgottes Merkur mit Flügelhelm die rückwärtige Hausfassade an der Zeuggasse.

Der Stumpf eines antiken Meilensteins bei Mering erinnert an eine Römerstraße, die auch durch das östliche Lechtal führte.

Der Meringer „Mehlsack“ – das Überbleibsel eines Meilensteins

Ein unscheinbarer Steinstumpf und eine Gedenktafel bezeugen die Straße zwischen Augsburg und Salzburg

Eine Römerstraße zwischen Iuvavum (Salzburg) und Augusta Vindelicum ist nicht zuletzt durch die Bodenfunde im Augsburger Nachbarlandkreis Aichach-Friedberg (in Kissing, Mering und Merching) belegt. An die strategisch wichtige Verbindung der beiden Provinzen Raetien und Noricum erinnert auch der steinerne „Mehlsack“ am südwestlichen Ortsrand der Gemeinde Mering. Eine Gedenktafel an der Kreisstraße AIC 12 (aus Richtung Unterbergen auf der rechten Seite) macht auf diesen unscheinbaren Stein aufmerksam. Aus dem Gras ragt der niedrige, stark ramponierte Stumpf eines Meilensteins, der die zehnte (römische) Meile ab Augsburg anzeigte. Dieser Stein steht nicht mehr am Fundort. Er wurde etwas versetzt, als er das maschinelle Abmähen der Straßenböschung behinderte. Der Name „Mehlsack“ entstand aufgrund einer Ortssage, weil man sich diesen Steinstumpf lange nicht mehr erklären konnte: Einem Fuhrmann sei ein Mehlsack vom Wagen gefallen. Als er gotteslästerlich fluchte, wurde der Sack zu Stein. Ein weiterer „Mehlsack“ findet sich im Chor der Kirche St. Georg im nahen Friedberger Stadtteil Rettenberg.

Ein Inschriftenstein in der Abteilung Archäologie im Museum im Wittelsbacher Schloss Friedberg gehörte zum Pfeilergrabmal des Flavius Vettius, eines Finanzbeamten in der Provinzverwaltung. Das Grabmal dieses Villenbesitzers stand in oder nahe Derching.

Luxuriöses Wohnen mit Blick auf die nahe Provinzhauptstadt

Auf dem Gebiet der heutigen Stadt Friedberg ließen sich reiche Römer ihre villa suburbana errichten

Man weiß von zwei römischen Kastellen beim Friedberger Ortsteil Rederzhausen: Diese nah beieinanderliegenden Militärlager wurden in den ersten Jahrzehnten des 1. Jahrhunderts n. Chr. errichtet, als die Römer das Lechtal eroberten. In friedlicheren Zeiten, am Ende des 1. Jahrhunderts, entstanden auf dem Gebiet der heutigen Stadt Friedberg und seiner Stadtteile Derching und Wulfertshausen ländliche Siedlungen. Reiche Römer bauten sich dort, wenige Kilometer von der Provinzhauptstadt Augusta Vindelicum entfernt und teils mit Blick von der Hangkante der Lechleite auf die nahe Metropole im Lechtal, luxuriöse Vorstadtvillen. Das Museum im Wittelsbacher Schloss Friedberg zeigt bei solchen Landsitzen ergrabene Funde.

Fragmente von bemaltem Putz und Stuck, Mosaik und Fensterglas aus Villen im heutigen Stadtgebiet bezeugen den hohen Wohnstandard in den villae suburbanae. Ein Inschriftenblock, das Bruchstück eines

Relikte von Villen in Friedberg-Süd, Derching und Wulfertshausen sind in einer Vitrine zu sehen – auch ein Spielzeugvogel aus Terrakotta, ergraben bei einer villa suburbana in Friedberg-Süd.

Pfeilergrabmals, das in oder bei Derching aufgestellt war, überliefert den Namen des Besitzers einer dieser Vorstadtvillen, des üppig besoldeten Finanzbeamten Flavius Vettius. Bei einer Villa in Friedberg-Süd wurden Amphoren sowie ein kleiner Spielzeugvogel aus Terrakotta ergraben. An die Ende des 3. oder Anfang des 4. Jahrhunderts gegründeten Ziegeleien und Töpfereien erinnert ein Ziegelstempel.

Das Baumodell einer villa suburbana im Friedberger Museum.

Die Römer zwischen Augsburg und Donau

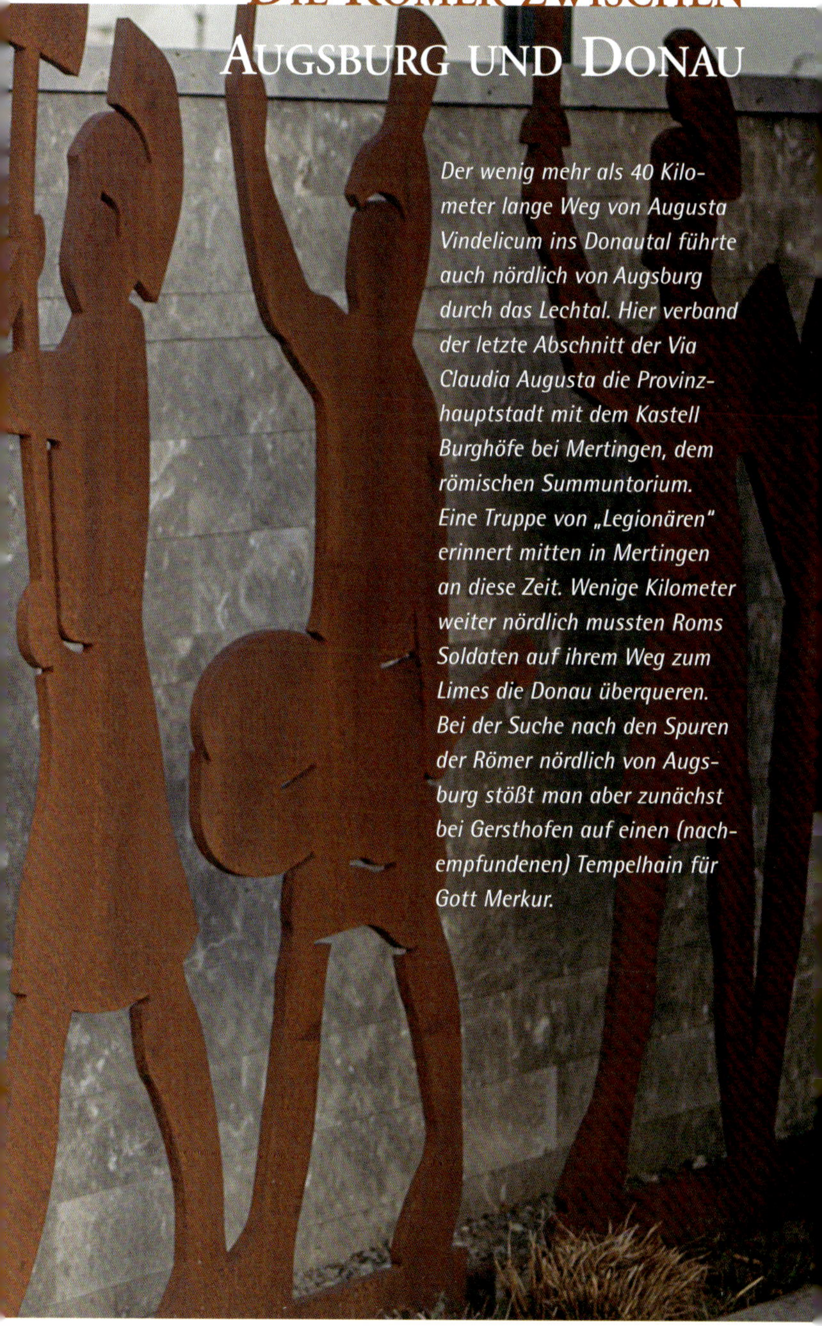

Der wenig mehr als 40 Kilometer lange Weg von Augusta Vindelicum ins Donautal führte auch nördlich von Augsburg durch das Lechtal. Hier verband der letzte Abschnitt der Via Claudia Augusta die Provinzhauptstadt mit dem Kastell Burghöfe bei Mertingen, dem römischen Summuntorium. Eine Truppe von „Legionären" erinnert mitten in Mertingen an diese Zeit. Wenige Kilometer weiter nördlich mussten Roms Soldaten auf ihrem Weg zum Limes die Donau überqueren. Bei der Suche nach den Spuren der Römer nördlich von Augsburg stößt man aber zunächst bei Gersthofen auf einen (nachempfundenen) Tempelhain für Gott Merkur.

Das Relief eines Merkur ohne Kopf steht nahe der antiken Trasse der Via Claudia Augusta in einem nachempfundenen Tempelhain.

Ein Götterbote ohne Kopf im Tempelhain bei Gersthofen

Die Figur des Merkur wurde zerschlagen, als sich im Römischen Reich das Christentum durchgesetzt hatte

Nördlich der Provinzhauptstadt Augusta Vindelicum – des heutigen Augsburg – verlief die Via Claudia Augusta auf dem Weg zur Donau zunächst über das Gebiet der heutigen Stadt Gersthofen. Dort hat man 1854 beim Bau der Pfarrkirche St. Jakobus im Fundament des Vorgängerbaus vier Fragmente eines Kalksteinaltars für den Götterboten Merkur – Gott des Reichtums, der Kaufleute und Diebe sowie Schutzgott der Reisenden und des Verkehrs – entdeckt. Zudem fand man damals kleinere Artefakte – ein Merkurrelief, einen Merkurkopf und ein Geniusfragment. Etwa 700 Meter nördlich des Fundortes hat man an der Berliner Straße (nahe der Abzweigung Lechfeldstraße am Ballonstartplatz Via Claudia) in einem in jüngerer Zeit angelegten Tempelhain Steinmehlabgüsse dieser antiken Skulpturen aufgestellt. Das Merkurrelief steht dort in der Nische eines steinernen Schutzbaus. Davor sind auf Stelen die Abgüsse der Kleinfunde platziert. Der Figur des heidnischen Gottes Merkur hat man vermutlich den Kopf abgeschlagen, als das Christentum im Römischen Reich Staatsreligion geworden war. Der Tempelhain ist jederzeit zugänglich.

30 Holzstücke sind die Relikte eines Fassbrunnens, mit dem sich um 80 n. Chr. Römer bei Gablingen mit Trinkwasser versorgten.

Ein römischer Fassbrunnen in einem archäologischen Museum

Ein nur scheinbar unscheinbares Exponat zeigt, wie sich die Römer mit reinem Trinkwasser versorgten

Kunstvolle Aquädukte für die Trinkwasserversorgung zu bauen wie andernorts im römischen Weltreich, das gab die Topografie in und um Augsburg nicht her. Trinkwasser aus einem offenen Kanal war jedoch für die relativ hygienebewussten Römer auch keine Option: Sie versorgten sich daher aus tiefen Brunnen, die bis zum Grundwasser aus wasserführenden Schichten ausgeschachtet wurden. Die Brunnenwände wurden mit Holzbrettern ausgekleidet, um eine Verschmutzung des Wassers und den Einsturz des Schachtes zu verhindern: Wegen dieser Auskleidung werden diese Brunnen Fassbrunnen genannt. Das Archäologische Heimatmuseum im Seitenflügel der Schule in Gablingen (Holzhauser Weg 5) zeigt die Relikte eines Fassbrunnens. Im Kiesabbaugebiet am Rand des Schmuttertals wurden 30 Holzstücke ergraben. Auch in der nahen Provinzhauptstadt gab es (abgesehen von Regenwasserzisternen) keine andere Möglichkeit der Trinkwasserbeschaffung. Brauchwasser wurde von der Singold im offenen Kanal über das Lechfeld geleitet. Das Museum in Gablingen zeigt außerdem einige Hohlziegel römischer Warmluftheizungen.

Die Silhouetten römischer Legionäre, ausgeschnitten aus Cortenstahl, erinnern am Römerplatz in Mertingen an die militärische Bedeutung des Kastells Summuntorium – heute Burghöfe genannt.

Der Römerplatz im Ortszentrum erinnert an das wichtige Kastell

Mit dem Ausbau der Donaugrenze unter Kaiser Claudius entstand das Kastell Burghöfe in Mertingen

Vermutlich unter Kaiser Claudius – er regierte das Römische Reich von 41 bis 54 n. Chr. – war das Kastell Summuntorium (Burghöfe) auf dem Gebiet des heutigen Mertingen entstanden. Dieses Holz-Erde-Kastell besaß zwei Funktionen: Seine Besatzung sicherte die 46/47 fertiggestellte Via Claudia Augusta: Diese Fernstraße war von Augusta Vindelicum bis zum Rand des Donautals verlängert worden. Vom Kastell auf einem Geländesporn hoch über dem Schmuttertal aus kontrollierte man die nahe, militärstrategisch wichtige Mündung des Lechs in die Donau. (Diese Mündung wurde erst durch die Flusskorrektion im 19. Jahrhundert weiter ostwärts verlagert.) Denn dort kreuzten sich die Via Claudia Augusta, die westlich des Lechs verlief, und die parallel am östlichen Lechufer verlaufende römische Straße mit der Straße südlich der Donau (Donausüdstraße), die zur Donaubrücke bei Stepperg, nach Neuburg und ins Altmühltal führte. Die Bedeutung des Kastells ging zeitweilig verloren, als die Grenze des Römischen Reiches um das Jahr 100 nordwärts auf die Schwäbische

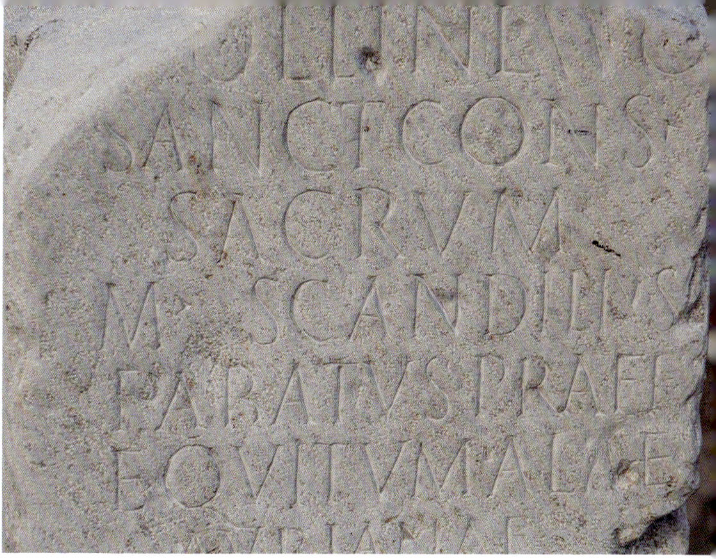

Replikat eines Weihesteins für Apollo am Mertinger „Römerplatz".

und Fränkische Alb vorgeschoben wurde. Als der Limes im 3. Jahrhundert aufgegeben wurde, wurde die Donau erneut zur nördlichen Reichsgrenze. Das spätrömische Kastell Summuntorium wurde (wohl unter Kaiser Probus) zur Sicherung des Hinterlandes ausgebaut.

Vom Kastell Burghöfe ist oberirdisch nichts mehr zu sehen. An seine einstige Bedeutung erinnert der Römerplatz an der Fuggerstraße neben dem Rathaus und bei der Pfarrkirche St. Martin. Aus Cortenstahl gelaserte Silhouetten eines Trupps von römischen Legionären verweisen auf die Aufgabe des Kastells Burghöfe in der römischen Kaiserzeit. Ein „Meilenstein" (eine Trinkwasser spendende Brunnensäule) sowie Abgüsse von Steindenkmälern sind zu sehen. Ihre Originale (der Torso einer Merkurstatue sowie ein Weihestein für Apollo) wurden 1921 sowie 1969 auf dem und beim Kastellgelände ergraben.

Das Original dieses Torsos des Gottes Merkur am Römerplatz hat man 1921 beim Areal des Kastells Burghöfe gefunden.

Die Nachbildung eines römischen Meilensteins nahe der Mündung der Schmutter in die Donau erinnert in Nordheim, einem Stadtteil von Donauwörth, an die Via Claudia Augusta.

Querten Römer beim Weg ins Ries und zum Limes hier die Donau?

Ein Meilenstein an der Schmutter erinnert an die Via Claudia Augusta und vielleicht an einen Flussübergang

Auch bei Donauwörth überquerten Reisende und Militärs zu Zeiten des römischen Kaiserreiches womöglich die Donau in Richtung Ries und Limes. Wie und wo genau dies geschah, ist jedoch unklar. Eine Chronistin schrieb: „Ob es eine Brücke war oder nur eine Fähre, die über den Donaustrom führte, ist ungewiss." Dass die Römer durchaus in der Lage waren, den Fluss mit einem Brückenbau zu überwinden, zeigt die durch die Unterwasserarchäologie belegte römische Brücke beim 27 Kilometer östlich von Donauwörth gelegenen Ort Stepperg. Eine Beschilderung in der östlichen Promenade erklärt das Reisen auf der Via Claudia Augusta. An der Schmutter, an einem Feldweg am nördlichen Rand des Stadtteils Nordheim, steht die Nachbildung eines Meilensteins, der dort auf den Verlauf der Via Claudia Augusta hinweist. Archäologisch gesichert ist, dass um die heutige Stadt Donauwörth etliche römische Gutshöfe bewirtschaftet wurden. Römische Spolien zeigt man hier bei Stadtführungen am Turm des Liebfrauenmünsters und im Mauerwerk der Burgruine Mangoldstein.

Die Römerbrücke bei Stepperg

Funde der Unterwasserarchäologie in der Donau

Man vermutet, dass es in den heute bayerischen Gebieten der römischen Provinzen Raetien und Noricum etwa 60 befestigte Flussübergänge gegeben haben könnte. Anders als in den an verbaubarem Stein reichen Gebieten des römischen Imperiums in Italien, Frankreich und Spanien mussten Brücken nördlich der Alpen überwiegend aus Holz errichtet werden. Solche Bauwerke haben sich kaum erhalten: Nur in feuchtem Untergrund, etwa im Lechtal bei Epfach oder in Oberpeiching, einem Ort im Landkreis Donau-Ries, lassen sich Relikte von Fundamenten römischer Brückenbauten nachweisen.

Von 1993 bis 2009 haben Taucher der Bayerischen Gesellschaft für Unterwasserarchäologie e.V. in Stepperg, einem Dorf rund zehn Flusskilometer vor der Stadt Neuburg (einst ebenfalls ein Standort römischer Kleinkastelle), die Relikte einer römischen Donaubrücke untersuchen können. Entdeckt wurden die Überreste der Brücke (zwei steinerne Schlachten mit eingepfahlten Baumstämmen) schon 1842 bei einem extremen Niedrigwasser von Mitgliedern des Historischen Vereins Neuburg. Bei dieser Brücke zweigte die Donausüdstraße nach Norden zum Limes hin ab. Eine Infotafel und ein sogenanntes Historisches Fenster über der Donau bei Stepperg informieren zu dieser Brücke, die von etwa 80 bis 270/80 n. Chr. bestanden haben könnte.

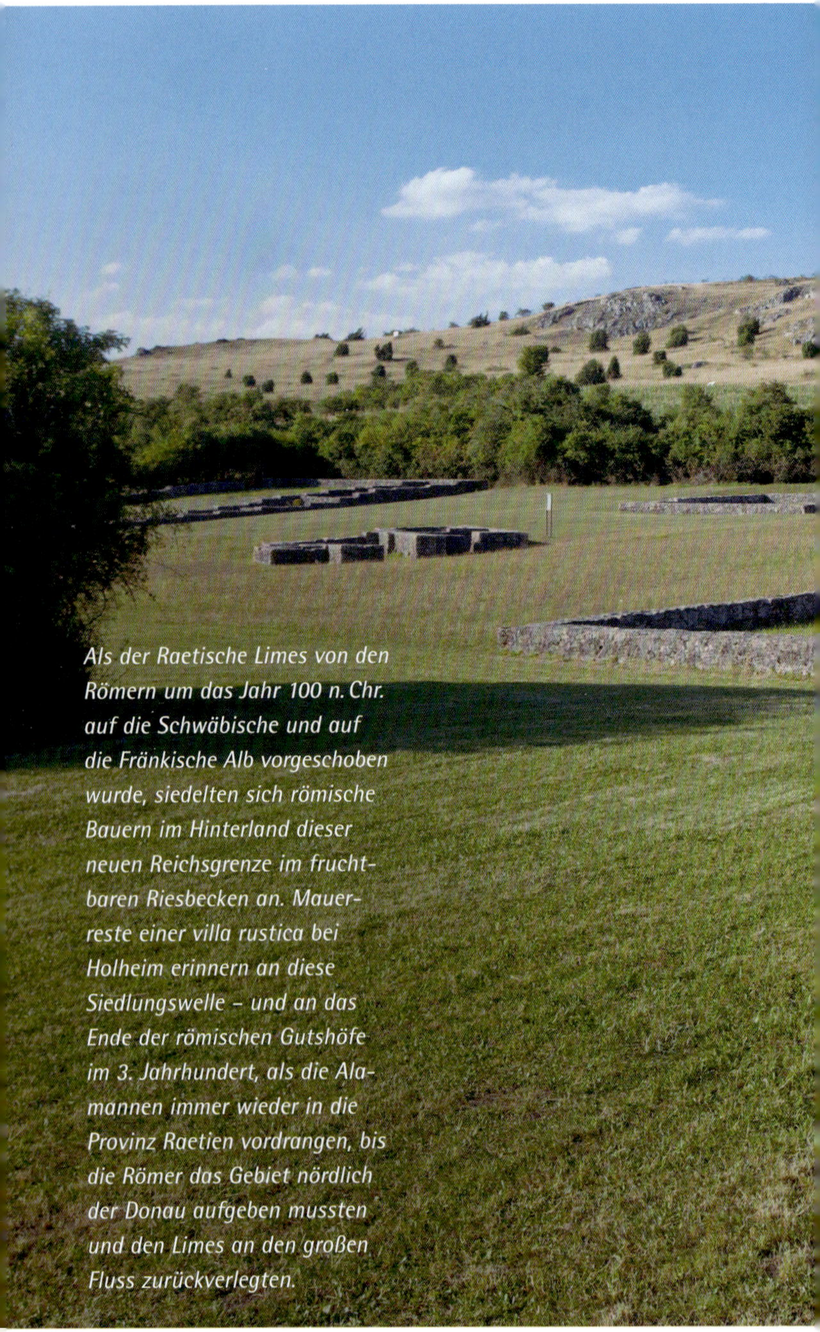
Als der Raetische Limes von den Römern um das Jahr 100 n. Chr. auf die Schwäbische und auf die Fränkische Alb vorgeschoben wurde, siedelten sich römische Bauern im Hinterland dieser neuen Reichsgrenze im fruchtbaren Riesbecken an. Mauerreste einer villa rustica bei Holheim erinnern an diese Siedlungswelle – und an das Ende der römischen Gutshöfe im 3. Jahrhundert, als die Alamannen immer wieder in die Provinz Raetien vordrangen, bis die Römer das Gebiet nördlich der Donau aufgeben mussten und den Limes an den großen Fluss zurückverlegten.

Die Römer zwischen Ries und Limes

Die villa rustica im heutigen Harburger Stadtteil Großsorheim wurde vermutlich aus Furcht vor den Alamannen aufgegeben.

Die Villa von Grosssorheim und die Spolie am Tor der Harburg

Ein Gutshof im Harburger Ortsteil Großsorheim wurde von seinen Bewohnern unzerstört zurückgelassen

Im Harburger Ortsteil Großsorheim wurden 1988/89 die Fundamente eines römischen Gutshofs am östlichen Rand dieses Rieser Dörfchens ergraben. Die Mauern dieser villa rustica liegen in einer Grünanlage und sind dort stets zugänglich. Zwischen 155 und 160 n. Chr. wurde dort mit einem Steinbau begonnen, der nach der Vollendung mehr als 1000 Quadratmeter Fläche einnahm. Eine Beschilderung erklärt die Anlage dieses Gutshofs – ein Hauptgebäude mit quadratischem Grundriss und einer Säulenhalle sowie ein Badegebäude. Vom Bad sind Relikte eines Bassins und der Warmluftheizung (Hypokaustum) erhalten. Dieser Gutshof wurde wohl unzerstört verlassen, als Rom die Grenze der Provinz Raetien an die Donau zurückverlegt hat.

Die römische Spolie am Inneren Burgtor von Schloss Harburg zeigt einen Frauenkopf

Hoch über der Wörnitz steht Schloss Harburg auf einem Burgfelsen, auf dem vielleicht schon Römer gesiedelt hatten. Am Inneren Burg-

Bei den Grabungen in Großsorheim fand man die Grundmauern eines antiken Wohnhauses und des angegliederten Badegebäudes.

tor ist eine antike Spolie eingemauert: Sie stellt einen Frauenkopf dar. Ob diese Spolie an Ort und Stelle gefunden und verbaut wurde oder ob sie das Relikt einer nahen villa rustica war, ist nicht bekannt.

Am Inneren Burgtor der Harburg hat man eine römische Spolie verbaut: Ein Relief auf diesem Stein zeigt wohl einen Frauenkopf.

Im landschaftlich reizvollen Maienbachtal nahe des Nördlinger Stadtteils Holheim liegen die Fundamente einer villa rustica.

Die villa rustica von Holheim: römische Mauern am Riegelberg

Als Alamannen den Limes hinter sich ließen, fanden die Bewohner eines Gutshofs ein gewaltsames Ende

Im Maienbachtal im dörflichen Nördlinger Stadtteil Holheim liegen am Fuß des Riegelberges die Fundamente einer villa rustica. Die Mauern des römischen Gutshofs wurden von 1975 bis 1981 freigelegt und teilweise rekonstruiert. Neben dem Hauptgebäude hat man weitere Bauwerke, darunter das Badegebäude und Fundamente der Einfriedungsmauer, ergraben. Wie bei vielen vergleichbaren römischen Gutshöfen wurde auch hier das freistehende Wohnhaus mit deutlichem Abstand zu den anderen Bauten errichtet. Der Besitzer der villa rustica gehörte wohl nicht zu den reicheren Gutsbesitzern, doch auch bei diesem Gutshof waren die Fenster des Wohnhauses verglast gewesen: Bei den Grabungen fand man Glassplitter.

Die Außenwände des mit Bruchstein gemauerten Hauses waren weiß verputzt und mit roten Fugenstrichen verziert, was ein vornehmeres, aber kostspieligeres Quadermauerwerk vortäuschte. In der direkten Nachbarschaft zum Wohngebäude bot das Badehaus all jene Einrichtungen, die für ein römisches Bad üblich waren. Innerhalb der

Der Blick auf die Mauerreste des römischen Gutshofs, über dem sich der kahle Riegelberg mit den beiden Ofnethöhlen erstreckt.

gemauerten Einfriedung wurden fünf weitere Gebäude identifiziert, die für die Bewirtschaftung dieses Gutshofs vonnöten waren.

Die Brandspuren am Wohnhaus des Gutshofs und sterbliche Überreste von unbestatteten Erschlagenen deuten auf ein gewaltsames Ende der Bewohner hin, das sie wohl spätestens um 254 ereilte, als die Römer den Limes aufgaben und die Reichsgrenze an die Donau zurückverlegt wurde. Bis dahin war das Ries die Kornkammer der römischen Provinz Raetien gewesen. Auch der Gutshof von Holheim dürfte nahe stationiertes römisches Militär mit Verpflegung versorgt haben. Die villa rustica bei Holheim gehört zu den bedeutendsten sichtbaren baulichen Spuren der Römer im Ries und im gesamten bayerischen Nordschwaben. Die im Maienbachtal ergrabenen Funde, darunter die Statuette eines Flöte spielenden Satyrs, sind im Stadtmuseum in Nördlingen zu besichtigen.

Die villa rustica ist jederzeit öffentlich zugänglich. Eine Beschilderung zeigt dort die Lage der Gebäude des Bauernhofs.

Eine kauernde Hirschkuh ist ein Detail auf dem 2004 in Nördlingen entdeckten Weihestein für den Soldatengott Iupiter Dolichenus.

Weihestein des Soldatengottes und ein Flötenspieler ohne Flöte

An die Geschichte der Römer im Riesbecken erinnern das Stadtmuseum Nördlingen und sein Lapidarium

Als die Römer an der Wende vom 1. zum 2. Jahrhundert n. Chr. die Nordgrenze ihrer Provinz Raetien auf die Schwäbische Alb und die Frankenalb vorschoben, wurde das Riesbecken in das Territorium des römischen Imperiums integriert. Um das fruchtbare Land zu sichern, entstanden unter anderem die Kastelle Opie (Oberdorf am Ipf, ein Stadtteil von Bopfingen), Losodica (bei Munningen) und vermutlich auch Septemiacum. Das Letztere könnte auf der Fläche der späteren Altstadt von Nördlingen gelegen haben. Funde deuten zumindest auf eine Zivilsiedlung an einem Flussübergang an der Eger hin.

Die Kastelle auf der Ostalb und im Ries wurden bald aufgegeben. Das nördlich der Donau erschlossene Land wurde wohl schon in der Mitte des 2. Jahrhunderts – wahrscheinlich unter Kaiser Antoninus Pius (138 bis 161) durch die noch weiter nordwärts vorgeschobene Grenzlinie gesichert. Als jedoch gegen Mitte des 3. Jahrhunderts die Reichsgrenze an die Donau zurückgenommen wurde, ging dadurch auch die Epoche der Römer im Ries zu Ende – sehr viel früher als im

Der Grabstein eines römischen Paars im Nördlinger Lapidarium.

südlicheren Raetien. Die Lage des Kastells Septemiacum ist bis heute unsicher. Im Stadtmuseum Nördlingen sind aber etliche Exponate zur relativ kurzen Zeit der Römer im Ries zu sehen: Keramik, Waffen und Werkzeug. Bekannt ist insbesondere eine Statuette, die bei den Grabungen bei der villa rustica im Nördlinger Stadtteil Holheim gefunden wurde: Es ist die kleine bronzene Figur eines Flötenspielers, dem allerdings die Flöte abhandengekommen ist.

Steinfunde stellt das Stadtmuseum Nördlingen im Lapidarium im benachbarten Reihlschen Haus aus. Dort sieht man den Weihestein, den ein Lucius Saturnius im Jahr 205 dem Soldatengott Iupiter Dolichenus gewidmet hat. Dieser Stein wurde 2004 im Zentrum der Nördlinger Altstadt entdeckt. Im Lapidarium findet man außerdem den Grabstein eines römischen Paars: Er wurde 1932 aus einem Schutthaufen bei der Kirche im nahen Holzkirchen geborgen. Der Stein war zuvor als Sockel eines Kreuzes zweitverwendet worden.

Die Statuette eines Flötenspielers wurde bei der villa rustica in Holheim ergraben.

In der Tourist-Information der Stadt Monheim sind römische Spolien zu sehen. Diese Steine sind Relikte einer villa rustica, die im Monheimer Ortsteil Flotzheim gefunden wurde.

Römische Bauernhöfe im Ries

Villae rusticae in der Kornkammer der Provinz

Als das Römische Reich die Nordgrenze der Provinz Raetien an der Wende vom 1. zum 2. Jahrhundert n. Chr. von der Donau auf die Schwäbische Alb und die Fränkische Alb vorgeschoben hatte, begannen Siedler, im Schutz des Limes Gutshöfe im Ries zu gründen. Die fruchtbaren Böden dieser Landgüter machten das Riesbecken zur Kornkammer der römischen Provinz. Diese Gutshöfe besaßen nicht zuletzt mit den Truppen im Grenzgebiet einen sicheren Absatzmarkt. Damit war es vorbei, als der Limes Mitte des 3. Jahrhunderts an die Donau zurückverlegt wurde. Durch diese Grenzverschiebung waren die Gutshöfe im Ries dem Untergang geweiht. Ob die villa rustica von Holheim erst in dieser Zeit oder bereits bei einem früheren Überfall der Alamannen unterging, ist

Villae rusticae im Ries wurden nach mediterranem Vorbild angelegt – so wie der römische Gutshof von Holheim.

Ein römischer Stein in der Kirche von Weilheim stellt ein Gastmahl dar: Die Spolie hat man im Fundament der Kirche entdeckt.

unklar. Doch Brandspuren und unbestattete sterbliche Überreste zeugten vom gewaltsamen Ende der Bewohner dieses Gutshofs.

Im Ries gibt es rund 200 Fundstellen, die wenigstens hundert villae rusticae vermuten lassen. Sie lagen über das ganze Ries verstreut. Gebaut wurden sie aber einheitlich: nach mediterranem Vorbild mit frei stehendem Hauptgebäude. Die oft ebenfalls frei stehende Badeanlage war obligatorisch. Die Relikte der Gutshöfe in Holheim und in Großsorheim sind im Ries zwei besonders lohnende Ziele. Auch etliche Spolien stammen aus Gutshöfen (oder könnten aus solchen stammen). Das Relikt der Säule einer villa rustica, die im Monheimer Ortsteil Flotzheim ergraben wurde, findet man in der Tourist-Information dieser Stadt. Doch auch Steine mit figürlichen Reliefs wie die in der Kirche in Weilheim, in der Aula der Grundschule in Wolferstadt oder auch am Burgtor von Schloss Harburg könnten Spolien ehemaliger villae rusticae im Ries sein.

Eine römische Spolie steht in der Aula der Grundschule in Wolferstadt.

An das römische Kastell bei Munningen erinnert eine Beschilderung am Straßenrand. Relikte des Kastells liegen unter der Straße.

An der Stelle eines Kastells entstand das Dorf Munningen

An das römische Losodica erinnert vor Ort nur noch eine versteckte Beschilderung am Straßenrand

Wer nach dem in der Literatur häufig erwähnten Kastell Losodica in Munningen sucht, wird vor Ort womöglich enttäuscht sein. Denn wer mit dem Auto auf der Staatsstraße 2221 nahe Oettingen fährt, durchquert hier zwar quasi das römische Kastell, zu sehen gibt es jedoch nicht viel: Die Römerstraße liegt hier unter dem Teerbelag, und die Spuren beiderseits der Hauptachse des Kastells ergrabener Kastellgebäude respektive des Lagerdorfes liegen unter der Straßenböschung beziehungsweise den angrenzenden Äckern und Wiesen. Was ergraben und erforscht wurde, verrät immerhin ausführlich eine Informationstafel knapp außerhalb des nördlichen Ortsrandes von Munningen. Doch selbst diese Beschilderung muss man erst einmal finden, denn sie steht versteckt im Straßenbegleitgrün und ist nur vom Radweg entlang der Straße aus zu sehen. Wer sie liest, erfährt aber zumindest, dass das Holz-Erde-Kastell Losodica um 90 n. Chr. angelegt worden ist. Eine etwa 500 Mann starke Auxiliartruppe – Reiter und Fußsoldaten – wurde 110 n. Chr. nordwärts an den Limes verlegt. Eine römische Zivilsiedlung wurde um 259/260 aufgegeben.

Die Nachbildung eines Meilensteins am Ortsrand von Maihingen ist ein Denkmal der militärischen Präsenz der Römer im Ries.

Ein Meilenstein in Maihingen erinnert an eine Römerstrasse

Die Straße im Riesbecken verband die beiden römischen Kastelle in Oberdorf und in Munningen

Das Replikat eines römischen Meilensteins sowie eine Informationstafel am südlichen Ortsrand der Rieser Gemeinde Maihingen erinnern an eine Römerstraße, welche die Kastelle Opie (im heutigen Oberdorf am Ipf, einem Ortsteil der baden-württembergischen Stadt Bopfingen am Rand der Ostalb) und Losodica (in der heutigen Gemeinde Munningen im Tal der Wörnitz) miteinander verband. Während sich diese westöstlich verlaufende Straße im flachen Riesbecken westlich von Maihingen annähernd gerade durch die Landschaft zog, mussten die römischen Straßenbauer mit immer hügeligerem Terrain klarkommen, je weiter sie sich dem Kraterrand des Rieses beim Ipf näherten. Dieser Abschnitt der Römerstraße hatte wohl eher militärische als zivile Bedeutung.

Auswirkungen römischer Straßen sind bis heute relevant. Das belegt eine Studie der Universität Kopenhagen. Wo in Europa Römerstraßen verliefen, herrscht größerer Wohlstand. Noch immer richtet sich die Konzentration wirtschaftlicher Aktivitäten nach ihrem Verlauf.

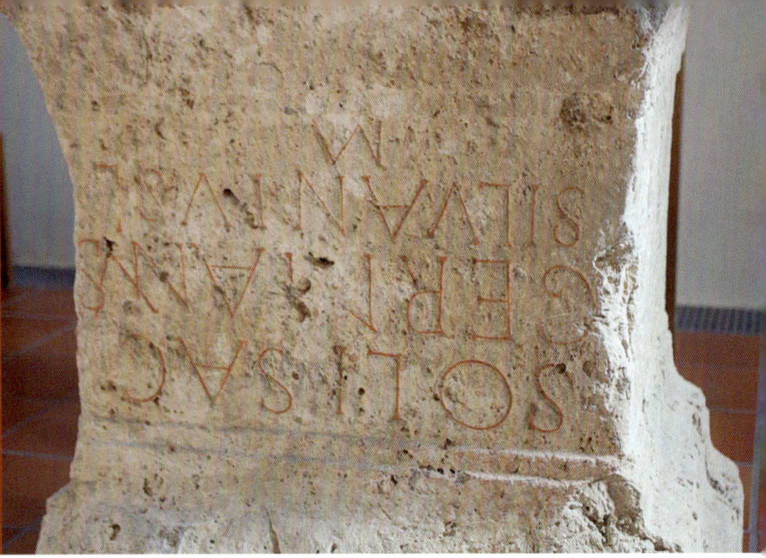

Der Name des Sonnengottes Sol steht gut lesbar auf einem römischen Weihestein in der Friedhofskapelle St. Martin in der seit 1810 württembergischen Gemeinde Kirchheim am Ries. Bei seiner Zweitverwendung als Altarfuß hat man den antiken Altar allerdings mit dem ursprünglichen Sockel nach oben aufgestellt.

Der Altar des Sol steht auf dem Kopf: der Sieg des Christentums?

In Kirchheim am Ries wurde ein Weihealtar für den Sonnengott zum Fuß eines christlichen Altars

Die Römerstraße zwischen den Kastellen Opie (Oberdorf am Ipf) und Losodica (Munningen) verlief auch über das heute württembergische Kirchheim am Ries. Diese Grenzlandgemeinde (rund acht Kilometer von Nördlingen entfernt) gehörte von 1806 bis 1810 noch zu Bayern. Am östlichen Ortsrand von Kirchheim am Ries steht die vor 1250 erbaute Chorturmkirche St. Martin: Sie wird heute als Kapelle eines evangelischen Friedhofs genutzt. Als dieser kleine Sakralbau 1981 renoviert wurde, fand man in seinen Mauern mehrere große römische Steine, die dort als Spolien verbaut worden waren. Im spätgotischen Unterbau des Altartisches entdeckte man einen auf den Kopf gestellten römischen Weihealtar mit einer vierzeiligen, gut lesbar erhaltenen Weiheinschrift für den Sonnengott Sol. Diese in St. Martin zweitgenutzte, freigelegte römische Spolie trägt dort bis heute die Altarplatte. Dass der Weihealtar für den Sonnengott

Offen sichtbar trägt die römische Spolie den Altartisch in der Kapelle St. Martin. Dass der antike Stein auf den Kopf gestellt wurde, sollte wohl den Sieg des Christentums symbolisieren.

im Mittelalter mit dem Sockel nach oben und mit dem Gesims nach unten in den Altarfuß eingebaut wurde, wird so interpretiert, dass damit der Sieg des Christentums über die heidnischen Götter ausgedrückt wurde. (Einen auf den Kopf gestellten Inschriftenstein hat man am Kirchturm von St. Martin in Gundremmingen verbaut.)

Denn dass mit den antiken Weihesteinen in nachrömischen Jahrhunderten eher achtlos umgegangen wurde, belegt beispielsweise das Schicksal jenes römischen Grabsteins eines Ehepaars, der 1932 auf dem Friedhof des Rieser Dorfes Holzkirchen (ein Ortsteil der Gemeinde Wechingen) gefunden wurde. Dieser Stein ist heute im Lapidarium des Stadtmuseums Nördlingen zu sehen. In Holzkirchen wurde der Grabstein mit der figürlichen Darstellung der Köpfe und Oberkörper des Paars zum Sockel eines Kreuzes umfunktioniert. Als dieser Sockel nicht mehr benötigt wurde, warf man den Stein ohne weitere Beachtung auf einen Schutthaufen neben der Dorfkirche. Mangels einer Inschrift ist die Herkunft des Steins von Holzkirchen nicht mehr festzustellen. Vom Kirchheimer Weihealtar für Gott Sol weiß man hingegen, dass der Block aus Kalktuff aus einem Steinbruch in der unmittelbaren Umgebung stammte. In der Gemarkung von Kirchheim am Ries hat man bei Grabungen im Übrigen mehrere römische Gutshöfe nachweisen können.

Die Römer im Donautal westlich des Lechs

Der Apollo-Grannus-Tempel von Faimingen ist ein in ganz Süddeutschland einzigartiges Denkmal der Antike, das die hoch entwickelte Kultur der Römer auch im Donautal belegt. Entlang der Römerstraßen am südlichen wie am nördlichen Ufer der Donau reihten sich Kastelle und Siedlungen: nicht zuletzt auch wegen der wichtigen Übergänge über die Donau – und weil der große Strom gleich zweimal zur Nordgrenze des Römischen Reiches wurde.

Im gallorömischen Tempelbezirk von Phoebiana – im heutigen Faimingen – verehrten die Römer den Heilgott Apollo Grannus.

Der Apollo-Grannus-Tempel: ein Wallfahrtsort der Römer

Die Relikte des Heiligtums in Faimingen sind ein süddeutschlandweit einzigartiges Denkmal der Antike

Im späten 1. Jahrhundert n. Chr., anfangs wohl noch unter Kaiser Domitian (81 bis 96), verlagerte das Römische Reich den Limes von der Oberen Donau auf die Alb. Durch den Bau einer Straße, die nun auch Raetien und seine Provinzhauptstadt Augusta Vindelicum mit der obergermanischen Provinzhauptstadt Mogontiacum (Mainz) verband, entstand an der Donau ein wichtiger Brückenkopf: Dort sicherte ein einfaches Holz-Erde-Werk – die Keimzelle des späteren Faimingen – einen Donauübergang. Der militärische Stützpunkt am Fluss erhielt aber bald eine steinerne Mauer. Vor dieser Lagermauer entwickelte sich wie üblich ein vicus: Das Lagerdorf über dem Ufer der Donau wuchs rasch zu einer stadtähnlichen Siedlung heran, da dort mehrere römische Straßen zusammentrafen. Der vicus wurde auch deshalb zum Verkehrsknotenpunkt, weil jener Donauübergang die Donausüdstraße mit der Donaunordstraße verband.

Dieser Ort wurde um die Mitte des 2. Jahrhunderts zum Zentrum des Kultes um den Heilgott Apollo Grannus. Grannus war einer der

Der Apollo-Grannus-Tempel im Lauinger Ortsteil Faimingen wurde ab 1984 rekonstruiert: Seit 1987 ist er ein Freilichtmuseum. Diese Anlage zeigt Elemente eines typischen gallorömischen Umgangstempels: Den Podiumstempel, der sich im Hof dieser Weihestätte erhob, umgab an drei Seiten ein Säulengang.

am weitesten verbreiteten Götter der Kelten gewesen. Sein Kult wurde im Römischen Reich populär und deshalb auch in anderen Provinzen ausgeübt: Weiheinschriften für den Apollo Grannus hat man zwischen Schottland und Rumänien, Spanien und der Türkei gefunden. Dieser Heilgott ist ein recht typisches Beispiel dafür, wie pragmatisch die Römer Gottheiten eroberter Kulturen integrierten.

Interpretatio Romana nennt man die Fähigkeit der Römer, fremde Gottheiten durch die Gleichsetzung mit ihren vertrauten Göttern in den Götterhimmel ihres Weltreiches aufzunehmen. Diese religiöse Toleranz dürfte bei vielen von Rom gewaltsam okkupierten Völkerschaften zur problemloseren Romanisierung beigetragen haben. Die Kelten verehrten den Grannus jedenfalls als eine Gottheit, die mit Quellwassern und Heilbädern sowie mit der Sonne assoziiert wurde. Die Römer setzten ihn ihrem Apollo gleich, der in ihrer Mythologie unter anderem als Gottheit der Heilkunst und des Lichtes galt. Es wird vermutet, dass das Apollo-Grannus-Heiligtum womöglich deshalb zur viel besuchten Wallfahrtsstätte gedieh, weil der Keltengott schon zuvor an diesem quellenreichen Ort verehrt worden war. Der romanisierte Heilgott Apollo Grannus gab vielleicht dem Wallfahrts-

Nahe der Mündung des Flüsschens Brenz in die Donau stößt man östlich des Tempelbezirks auf Mauerreste des Kastells Phoebiana.

ort Phoebiana den Namen. Phoibos war schon in der griechischen Mythologie ein Beiname des Gottes Apollon gewesen, den dann auch die Römer – mit dem Namen Apollo – unter ihre zwölf Hauptgötter aufnahmen. Der Name von Phoebiana ist gesichert belegt, seit man 1981 bei Renovierungsarbeiten in der Gundelfinger Stadtpfarrkirche St. Martin zwei Meilensteine entdeckte, die das antike Faimingen in den Inschriften dieser Spolien zweifelsfrei benennen.

Diese Meilensteine tragen auch den Namen des damals regierenden Kaisers Caracalla, der sich 212/213 – während seines Germanenfeldzugs – in der stadtähnlichen Siedlung Phoebiana aufhielt. Auch der Herrscher Roms suchte wohl bei Apollo Grannus Heilung, vermutlich weniger wegen eines körperlichen Leidens als vielmehr wegen seiner seelischen Qualen: Denn der als Lucius Septimius Bassianus geborene Caracalla, der sich als Kaiser den Namen Marcus Aurelius Severus Antoninus gab, litt wohl an der Schuld, die er als Brudermörder auf sich geladen hatte. Sein Vater Septimius Severus, der die severische Dynastie begründet hatte, erhob ihn 197 zum Mitherrscher. Gemäß dem Willen seines verstorbenen Vaters trat Caracalla zunächst gemeinsam mit seinem jüngeren Bruder Geta 211 die Nachfolge als Kaiser an. Aber bereits nach wenigen Monaten ließ Caracalla seinen Bruder ermorden. Danach sollen tausende Anhänger Getas umgebracht worden sein. Über Geta verhängte Caracalla die Damnatio

Im Fundament der östlichen Außenmauer des Chors der gotischen Kirche St. Martin in Lauingen wurden Faiminger Spolien zweitverbaut. Ein Weihestein zeigt den Namen des keltisch-römischen Heilgottes Apollo Grannus. Der ursprünglich auf diesem Stein angebrachte Name des Kaisers Elagabal wurde entfernt.

memoriae, mit der jede Erinnerung an seinen Bruder ausgelöscht werden sollte. Die Büsten Getas wurden zerstört, sein Name aus den Inschriften entfernt – ein Los, das er (wie später auch sein Bruder Caracalla) mit Caligula, Nero, Domitian und anderen Cäsaren teilte.

Caracalla (ein Spitzname, der „Kapuzenmantelmann" bedeutete) war es vermutlich auch, der veranlasste, dass die Holz-Erde-Umwallung um das Heiligtum Phoebianas durch eine Wehrmauer ersetzt wurde. Der Ausbau der Kultstätte des Apollo Grannus war bereits Mitte des 2. Jahrhunderts in mehreren Bauphasen erfolgt. Heute sieht man dort die Relikte eines typischen gallorömischen Umgangstempels. Der Podiumstempel, der sich im Innenhof der Weihestätte erhob, wurde an drei Seiten von einem Säulengang umschlossen. Mit etwa tausend Quadratmetern Fläche war der Apollo-Grannus-Tempel der größte Kultbau der Römer nördlich der Alpen. Die Anlage gilt süddeutschlandweit als einzigartiges römisches Baudenkmal.

Irgendwann, nachdem die Reichsgrenze Mitte des 3. Jahrhunderts an die Donau zurückgenommen worden war, wurde auch die Weihestätte in Faimingen aufgegeben. Werksteine des Apollo-Grannus-

Mit Spolien aus Faimingen wurde auch das Untergeschoss des Lauinger Schimmelturms erbaut.

Tempels wurden für den Ausbau des östlicher gelegenen Kastells zweitverwendet, von dem sich Mauerreste nahe der Mündung der Brenz in die Donau erhalten haben. Als ein reiner Militärstandort – in Form eines sogenannten Reduktionskastells – könnte das stark verkleinerte Phoebiana noch im 4. Jahrhundert bestanden haben.

Mitten in Lauingen: Spolien aus Phoebiana

Zahlreiche Werksteine aus dem Tempel und den Kastellmauern von Phoebiana wurden in der von Alamannen gegründeten Siedlung und späteren Stadt Lauingen zweitverwendet. Römische Spolien entdeckt man sogar mitten im Zentrum der Donaustadt. Quader aus Weißjurakalk hat man 1457 für das Fundament und für das Untergeschoss des Schimmelturms aus Faimingen geholt. Als ab 1516 die gotische Kirche St. Martin erbaut wurde, hat man auch dort Spolien aus Faimingen zweitverwendet. Ein Weihestein am Ostchor nennt den Namen des Apollo Grannus. Der ursprünglich auf diesem Stein angebrachte Name des Kaisers Elagabal wurde herausgemeißelt, als er 222 der Damnatio memoriae verfiel. Auch der Gleitstein, der am Südportal der Stadtpfarrkirche aufgestellt wurde, soll aus Faimingen stammen: Diese Spolie diente angeblich einem Fruchtbarkeitskult. Funde aus dem Faiminger Tempelbezirk werden zudem im Heimathaus gezeigt, unter anderem der Torso des „Danubischen Neptun".

Ein sogenanntes Historisches Fenster bei Gundremmingen zeigt das Aussehen eines burgähnlichen Kleinkastells, des „Bürgle“.

Ein „Historisches Fenster“ vermittelt das Bild des „Bürgle“

Eine Installation an der Straße zwischen Aislingen und Gundremmingen zeigt die Lage des römischen Kastells

Kleinere Kastelle bei Straß, Aislingen und Unterthürheim sicherten spätestens seit der Regierungszeit von Kaiser Claudius (Herrscher von 41 n. Chr. bis 54 n. Chr.) die Donausüdstraße zwischen Günzburg (Guntia) und dem Kastell Burghöfe (Summuntorium/Mertingen) und damit die Grenze der Provinz Raetien an der Donau. Solche Stützpunkte sind durch Grabungen belegt, zu sehen ist davon für den Laien in der Regel wenig. Das gilt auch für das „Bürgle“ (Piniana), ein burgähnliches Kleinkastell auf einer Anhöhe zwischen Aislingen und Gundremmingen. Dieser Stützpunkt entstand spätestens um 335 n. Chr. Er wurde 383 n. Chr. von den Alamannen zerstört, danach von den Römern wieder aufgebaut und bis ins frühe 5. Jahrhundert gehalten. Ein sogenanntes Historisches Fenster beim Abzweig der Straße von Gundremmingen nach Aislingen erlaubt imaginär den Blick auf das Kleinkastell. Seine Spuren im Gelände sind ein Bodendenkmal. Am Turm der Kirche St. Martin in Gundremmingen wurde eine Spolie aus dem Kastell verbaut: Dieser Inschriftenstein wurde – auf dem Kopf stehend – in das Turmfundament eingemauert.

Die Kopie eines in der Gundelfinger Kirche St. Martin entdeckten römischen Meilensteins findet man seit 2001 an der Brenzbrücke.

Ein Meilenstein in Gundelfingen belegt den Namen Phoebiana

Das Original eines römischen miliariums steht in der Kirche St. Martin, eine Kopie an der Brenzbrücke

Bei Renovierungsarbeiten im Inneren der Gundelfinger Stadtpfarrkirche St. Martin kamen 1981 im Fundament dicht unter dem Fußboden römische Werksteine, ein nahezu vollständiger Meilenstein (miliarium) sowie zwei Bruchstücke eines zweiten Meilensteins ans Tageslicht. Dieser sensationelle Fund zeigte, dass Steine tatsächlich sprechen können, wenn sie von Experten analysiert werden. Denn die teils übersetzte, teils ergänzte Inschrift der beiden Meilensteine lieferte nicht nur erstmals einen verbindlichen Beleg für den Namen des nahen Phoebiana (Faimingen), sondern nennt auch den Namen von Kaiser Caracalla: Er herrschte von 211 bis 217 n. Chr. und war wohl einer der schillerndsten und brutalsten Gewaltherrscher unter den Cäsaren des römischen Imperiums.

Das beinahe zwei Meter hohe, im Jahr 212 aufgestellte miliarium aus Kalkstein, das heute in der Leonhardskapelle der Gundelfinger Kirche hinter dem Kapellengitter zu besichtigen ist, trägt (übersetzt) folgende Inschrift: „Kaiser Marcus Aurelius | Severus Antonius Pius

Durch den Fund der Meilensteine in der Gundelfinger Kirche konnte der Name Phoebiana – für Faimingen – erstmals belegt werden.

mit den Beinamen Britannicus Maximus | Parthicus Maximus, höchster Priester | Inhaber der tribunizischen Gewalt zum 15. Male | Imperator zum 3. Male | designierter Konsul zum 4. Male | hat diese Straßen und Brücken gegeben. Von Phoebiana 4 Meilen". Der geläufigere Name dieses so titulierten Kaisers aber ist Caracalla, bekannt etwa durch die Caracalla-Thermen in Rom. Das Verb „dedit" (er hat gegeben) lässt vermuten, dass Caracalla die erwähnten Baumaßnahmen selbst finanzierte. Sein Germanienfeldzug hatte ihn wohl im Jahr 213 auch in das Heiligtum im nahen Phoebiana geführt. Vier Jahre später wurde der 29-Jährige – einer der fünf Kaiser Roms aus der Dynastie der Severer – in Mesopotamien von einem Attentäter erdolcht, als er in einem Gebüsch seine Notdurft verrichtete.

Die Kopie des Gundelfinger Meilensteins steht an einer Brücke über die Brenz

In der Düsternis der Leonhardskapelle ist die Inschrift des originalen Meilensteins (zumal hinter dem Gitter) kaum zu erkennen. Sehr viel besser liest sie sich auf der Kopie des miliariums, die an der Brenzbrücke (Hauptstraße/Günzburger Straße) aufgestellt wurde. Eine Inschrift über dem Sockel hält fest, dass diese Naturstein-Kopie 2001 entstand. Die Fragmente des zweiten in Gundelfingen ergrabenen Meilensteins verwahrt die Prähistorische Staatssammlung München.

Das Replikat des Gontiasteins steht am Fuße der Günzburger Altstadt im Straßenbegleitgrün neben der Günzbrücke.

Die Flussgöttin Gontia gab der Siedlung an der Günz den Namen

Ein Weihestein am Flussufer ist der früheste Beleg für die Existenz einer Zivilsiedlung beim Donaukastell

Wohl während der Regierungszeit des römischen Kaisers Tiberius (von 14 bis 37 n. Chr.) wurde die Provinz Raetien eingerichtet. Mit Kastellen in Burghöfe (Summuntorium bei Mertingen) und vielleicht schon damals auch in Günzburg wurde die Donaugrenze gesichert. Als der Limes unter den Flaviern (spätestens wohl um 90) von der Oberen Donau auf die Alb vorgeschoben wurde, entstand eine Straße von der obergermanischen Provinzhauptstadt Mogontiacum (Mainz) über Günzburg (Guntia) bis nach Augsburg. Ein Donauübergang (transitus) an der Donausüdstraße bei Günzburg ist überliefert.

Eine in Günzburg aufgefundene Bauinschrift (zu sehen im Heimatmuseum der Stadt) belegt die Entstehung eines Kastells im Jahr 77. Die Lage der Umwallung dieses Kastells im Gebiet der Oberstadt, der Altstadt um den Marktplatz, ist aus der Vogelperspektive durch den Verlauf von Straßen gut zu erkennen. Bei diesem Kastell entwickelte sich an der Mündung der Günz in die Donau im Schutz des vorverlegten Limes ein vicus, eine kleinstädtische römische Zivilsiedlung.

Frühstücken mit Blick auf Beton: Im Günzburger „Hotel Römer" sieht man ein Stück des römischen Gussmauerfundaments, das in der Zeit um das Jahr 380 entstanden ist.

Die Besatzung des Kastells wurde 121/122 nach Heidenheim an der Brenz (Aquileia) beordert. Die Siedlung an der Günz blieb (durch ein neues Kastell geschützt) bis in das 4. Jahrhundert bestehen. Wegen

Spolien aus der römischen Kastellmauer wurden am Turm der Stadtpfarrkirche St. Martin zweitverbaut. Sie unterscheiden sich sichtbar von den gröber behauenen Buckelquadern, mit denen das Untergeschoss des Turms in staufischer Zeit erbaut worden war.

An mehreren Stellen in der Donaustadt hat man Tuffsteinquader aufgeschichtet. Solche Relikte des römischen Günzburg wurden schon im 19. Jahrhundert massenhaft aus der Donau geborgen.

seiner Lage an der Donausüdstraße und am so wichtigen Donauübergang war das römische Günzburg ein Verkehrsknotenpunkt. Der früheste Beleg für den Namen des römischen vicus – Gontia oder auch Guntia – fand sich in Schriftquellen und auf dem Weihestein für die Flussgöttin Gontia, der 1929 am Nordufer der Donau entdeckt wurde. Ein Zenturio hatte den Stein in der Zeit um das Jahr 200 aufstellen lassen. Das Original dieses Weihesteins ist ebenfalls im Heimatmuseum (Rathausgasse 2) zu sehen. Der Name der Flussgöttin Gontia (oder Guntia) wurde für die römische Siedlung übernommen. Eine Kopie des Gontiasteins wurde bei der Günzbrücke am westlichen Ufer des Flüsschens (im Straßenbegleitgrün an der Ecke Stadtberg/Ulmer Straße) aufgestellt. Der Stein zeigt den Namen der Flussgöttin. Eine kleinere Inschrift hält fest, dass diese Kopie 1977 – im Jubiläumsjahr des Kastells Gontia – errichtet worden ist.

Römische Spolien wurden am Turm der Stadtpfarrkirche St. Martin (über staufischem Buckelquadermauerwerk) zweitverbaut. Im Hotel Römer (Ulmer Straße 26) frühstückt man an einem Abschnitt eines Gussmauerwerks aus römischem Beton (opus caementitium). Derartige Fundamente und mächtige Tuffsteinquader entdeckt man an mehreren Stellen. Die Steine lassen erahnen, dass die Römer Mauern bis zu 8,5 Meter und Türme bis zu zwölf Meter hoch errichteten.

Römerspuren in der Tiefgarage

Beim Kastell Schirenhof beginnt der Raetische Limes

Nördlich wie westlich von Günzburg ist die Landesgrenze zwischen Bayern und Baden-Württemberg nur wenige Kilometer entfernt. Wichtige Militärstützpunkte am Limes waren dort zu Zeiten der Römer die Grenzkastelle Heidenheim und Aalen. Heidenheim liegt rund 40 Kilometer nördlich von Günzburg: Das dort um 100 n.Chr. errichtete Alenkastell Aquileia war zeitweise die stärkste Garnison der Provinz. Von dem mehr als fünf Hektar großen Kastell einer tausend Mann starken berittenen Eliteeinheit ist nichts mehr zu sehen. Im Untergeschoss eines Parkhauses zeigt das Museum im Römerbad neben Relikten eines römischen Bads Mauerreste der stadtähnlichen Siedlung am Alblimes. Im etwa 50 Kilometer nördlich von Günzburg gelegenen Aalen findet man Mauerreste eines im 2. Jahrhundert errichteten Militärlagers, das Limesmuseum sowie das Limes-Informationszentrum Baden-Württemberg der UNESCO-Welterbestätte „Obergermanisch-Raetischer Limes". 60 Kilometer nordwestlich von Günzburg liegt das um 150 erbaute Kastell in Schirenhof (Schwäbisch Gmünd): Oberirdisch ist davon nichts sichtbar. In einer Parkanlage findet man jedoch die Relikte des Kastellbads, etwa die Statue einer Quellnymphe. Wie das Kastell von Aalen entstand auch das in Schirenhof, als wegen der Vorverlegung des Obergermanischen Limes unter Antoninus Pius der Anschluss an den Raetischen Limes hergestellt werden musste.

Hier am linken Donauufer
beginnt der von den römischen
Kaisern Trajan Hadrian u
Probus in den Jahren 117
bis 282 n. Chr. gegen die
Teutschen angelegte bis an
den Rhein laufende Wall,
auch Teufelsmauer genant

Die Römer im Donautal

östlich des Lechs

Gleich zweimal war die Donau von Günzburg bis nach Kelheim die „nasse" Nordgrenze der Provinz Raetien. Unweit der Donau bei Hienheim markiert die Hadriansäule den nahen Punkt, wo der Obergermanisch-Raetische Limes auf die Donau stößt. Der Donaulimes in der Provinz Raetien zog sich von dort – ab dem 3. Jahrhundert ausgebaut – über Bad Gögging bis nach Passau. Die Spuren der Römer findet man an beiden Ufern des Stroms – sowohl in Oberbayern als auch in Niederbayern und in der Oberpfalz.

In Neuburg an der Donau erinnert eine Gedenktafel an zwei Kleinkastelle auf einem hohen Jurafelsen über dem Fluss.

Eine Gedenktafel zeigt, dass die Donau zweimal Reichsgrenze war

Eine Inschrift an der Neuburger Amalienstraße erinnert an die Vor- und Rückverlegung des Limes

Eine Gedenktafel am Haus Amalienstraße 27 – unweit von Schloss Neuburg an der Donau – weist auf zwei römische Kleinkastelle hin, die am westlichen Rand der heutigen Altstadt auf einem mehr als 20 Meter hohen Jurafelsen am Südufer der Donau entstanden. Die Tafel zeigt den Grundriss eines Kastells. Die zugehörige Inschrift lässt erkennen, dass die Donau zweimal die Nordgrenze der Provinz Raetien war. Der Text lautet: „Hier stand einst im 1. Jahrhundert eine frühkaiserzeitliche Militärstation zur Sicherung der Donaugrenze und im 4. Jahrhundert ein spätrömisches Kastell". An diesem strategisch wichtigen Punkt an der Donau wurden folglich zwei unterschiedliche Kastelle errichtet. Das Steinkastell entstand wohl erst im 3. Jahrhundert, als der Raetische Limes an der Altmühl aufgegeben wurde. Das damit überbaute ältere Holz-Erde-Lager war vermutlich entstanden, als die Donau zur Nordgrenze der unter Kaiser Tiberius eingerichteten Provinz Raetien geworden war. Funde aus römischer Zeit sieht man im Archäologie-Museum im Neuburger Schloss, einem Zweigmuseum der Archäologischen Staatssammlung München.

Im Vorraum von St. Nikolaus in Nassenfels ist ein römischer Inschriftenstein zu finden: Er nennt den antiken Namen des Ortes.

Eine Spolie erinnert an einen vicus am Flüsschen Schutter

Das Lagerdorf eines frühen römischen Kastells wurde zur Keimzelle der Ortschaft Nassenfels

Gut zehn Kilometer nördlich der Donau bei Neuburg entstand im heutigen Nassenfels um das Jahr 90 in Holz-Erde-Bauweise eines der ersten Kastelle an der Donau. Es scheint nur ein paar Jahrzehnte lang besetzt gewesen zu sein. Das Kastell von Nassenfels wird heute als möglicher Vorgänger des Kastells im wenige Kilometer nördlich an der Altmühl gelegenen Pfünz gesehen. Aus einem Lagerdorf des Kastells am Ufer der Schutter entwickelte sich ein größerer Zivilort. Im Vorzeichen der Kirche St. Nikolaus erinnern zwei eingemauerte römische Inschriftensteine an den vicus am Ufer dieses Flüsschens. Ein querformatiger Stein, der wohl erst in der Zeit nach dem Abzug der römischen Truppen im 2. Jahrhundert entstand, ist den Göttern Mars und Victoria geweiht. Der Beginn der Inschrift (wohl „Marti et Victoriae vicus Scuttariensium curam agentibus") nennt den Namen des vicus an der Schutter – Scuttarensium. Diese Siedlung gaben die Römer wohl auf, als die südlich gelegene Donau Mitte des 3. Jahrhunderts neuerlich zur Reichsgrenze wurde. An eine Römerstraße erinnert eine Gedenktafel von 1859 an der Nassenfelser Dorfstraße.

Beim kelten römer museum manching: Schriftzüge zeigen, was sich hinter der Glasfront der imposanten Südfassade verbirgt.

Museum der Kelten und Römer: Schiffswracks und Silberschatz

Spektakuläre Funde aus der Keltenstadt Manching und aus dem römischen Kastell von Oberstimm

Der Name kelten römer museum manching deutet es an: In diesem sehenswerten Museumsbau – sicher ein Höhepunkt einer Erkundung römischer Spuren an der Donau in Bayern – geht es um beide: um die Eroberten und die Eroberer. Das oppidum der Kelten in Manching ist die besterforschte Keltenstadt Europas. Ein größerer Teil ihrer Stadtmauer ist noch heute als Teil eines archäologischen Lehrpfads zu besichtigen. In Manching wurde auch ein keltischer Goldschatz ergraben, der im November 2022 aus dem Museum geraubt wurde. Im Museum sieht man keltische Keramik und Bautechniken sowie – vor einem Stück nachkonstruierter Stadtmauer – ein Modell des Zentrums der Manchinger Keltenstadt. Und eine in den Boden eingelassene Museumsvitrine vermittelt den Kopfkult der Kelten.

Anders, als man vermuten könnte, haben die Römer das oppidum von Manching nicht zerstört: Diese Keltenstadt, deren mehr als sieben Kilometer lange Stadtmauer im 2. Jahrhundert v. Chr. noch rund 380 Hektar Fläche umschlossen hatte und in der bis zu zehn-

In einer Museumvitrine – der Silberschatz, der im 3. Jahrhundert wohl aus Furcht vor den Alamannen vergraben wurde.

tausend Menschen gelebt haben sollen, war wohl schon längst verlassen, als die Römer 15 v. Chr. die Donau erreichten. Römer siedelten später wohl auch innerhalb der Wälle der einstigen Keltenstadt. Das „Verdienst", auch die Relikte des oppidums weitgehend zerstört zu haben, gebührt den unseligen Zeiten des „Tausendjährigen Reiches": Von 1936 bis 1938 legte die Luftwaffe bei Manching exakt dort einen Flugplatz an, wo zuvor im Boden von Äckern und Wiesen verborgene Relikte bestens geschützt waren. Fast das halbe Areal des oppidums wurde planiert, größere Abschnitte des Ringwalls eingeebnet. Es war (so die Website des Museums) „eine der größten Katastrophen, von denen die Bodendenkmalpflege in Bayern betroffen worden ist".

In den Jahrzehnten nach 1945 konnten etwas mehr als acht Hektar des einst 380 Hektar großen Gebiets der Keltenstadt archäologisch untersucht werden. 1999 ergrub man dort den Keltenschatz: Die 450 Münzen des größten keltischen Goldfundes im 20. Jahrhundert wurden 2022 aus dem Manchinger Museum gestohlen. Mit dem 1984 gefundenen Kultbäumchen, dem vergoldeten Artefakt eines Zweigs mit Blättern, Knospen und Früchten aus dem 3. Jahrhundert v. Chr., wurde ein weiterer wohl europaweit einzigartiger Fund ergraben. Im Gebiet der verwaisten Keltenstadt hat man Spuren eines kleineren vicus entdeckt: Sie deuten auf eine römische Straßenstation an der Donausüdstraße hin. Im Erdreich innerhalb des Ringwalls fanden die

In der hohen Schiffshalle des Manchinger Museumsbaus liegen die konservierten Wracks von zwei römischen Patrouillenbooten. Sie waren unweit des Kastells von Oberstimm gefunden worden.

Archäologen jedenfalls römische Brandgräber und Depots, in denen Waffen, Teile von Rüstungen und Gerätschaften verwahrt worden waren. Dort fand man 1955 auch einen römischen Silberschatz: Er ist in einer Vitrine im Museum zu sehen. Ein Tablett, eine Kasserolle, ein Teller, zwei Schälchen und drei Löffel – insgesamt beinahe zwei Kilogramm Silber – waren von ihrem Besitzer vergraben worden. Es ist einer jener eilig verscharrten Hortfunde, die mit der aufgrund der Reichskrise gewachsenen Bedrohung der Nordgrenze Raetiens durch Raubzüge der Germanen auch an der Donau zusammenhängen.

Zwei Schiffswracks waren ein Sensationsfund

Angesichts der Bedeutung der keltischen Stadt verwundert es also nicht, dass die Ausstellungsbereiche zu den Kelten im 2006 eröffneten Zweigmuseum der Archäologischen Staatssammlung München mit 670 Quadratmetern mehr Raum einnehmen als die 510 Quadratmeter große Fläche, die sich den Römern widmet. Aber die größten Exponate sind dennoch die Relikte zweier römischer Militärschiffe, die 1986 an einer verlandeten Anlegestelle an der Brautlach, einem Nebenfluss der Donau im Manchinger Ortsteil Oberstimm, entdeckt wurden. Es war ein Sensationsfund: Die hölzernen Spanten und Planken der in der Zeit um die Jahre 100/110 gebauten Schiffe –

Als die Donau zur Nordgrenze der Provinz Raetien geworden war, errichteten die Römer das Kastell bei Oberstimm. Ein Modell im Manchinger Museum zeigt die Anlage dieses Stützpunktes.

vermutlich ausgemusterte Patrouillenboote – waren noch sehr gut erhalten. Diese Schiffe, die wohl bei der Grenzsicherung auf der Donau zum Einsatz kamen, hat man restauriert. Die konservierten Wracks in der Schiffshalle sind nun Glanzstücke des Museums.

Das Kastell von Oberstimm

Die Anlegestelle an der kleinen Brautlach – rund vier Kilometer östlich vom kelten römer museum manching gelegen – gehörte zu einem Holz-Erde-Kastell, das vielleicht unter Kaiser Claudius (nach 41 n. Chr.) im heutigen Manchinger Ortsteil Oberstimm erbaut wurde. Ein Modell des Kastells von Oberstimm ist in der Ausstellung im Manchinger Museum zu sehen. In Oberstimm lag nicht nur eines der frühesten Kastelle der Provinz Raetien. Noch bis in die Zeit von Kaiser Nero, der im Römischen Reich von 54 bis 68 regierte, war Oberstimm vermutlich auch der östlichste befestigte Truppenstützpunkt in der Kette von römischen Kastellen südlich der Donau. Von Oberstimm bis nach Linz – also dem römischen Kastell Lentia am Norischen Limes – folgte donauabwärts eine lange Flussstrecke ohne vergleichbare Befestigung. Dennoch kam das Kastell in Oberstimm auch noch bei einem späteren Ausbau nicht über eine Umwehrung in Holz-Erde-Bauweise hinaus. Dieser Stützpunkt übernahm wohl

Ein Modell zeigt den Bau der römischen Brücke beim heutigen Stepperg. Dieser wichtige Flussübergang lag circa 30 Kilometer donauaufwärts vom Kastell Oberstimm entfernt.

vor allem logistische Aufgaben. Nachdem die Römer in den letzten Jahrzehnten des 1. Jahrhunderts auch das Land nördlich der Donau besiedelt hatten und dort deshalb eine neue Kastelllinie entstanden war, wurde das Kastell Oberstimm um das Jahr 120 vom Militär aufgegeben. Der vicus – das zivile Lagerdorf am Flüsschen Brautlach – blieb aber wohl noch bis in das 3. Jahrhundert hinein bestehen.

Die Donau respektive das Leben an und mit dem Fluss nimmt einen größeren Teil der Dauerausstellung zur römischen Zeit ein. Auch ein Baumodell der römischen Donaubrücke nahe dem etwa 30 Kilometer flussaufwärts gelegenen Stepperg ist zu sehen. Flüsse wie die Donau wurden von den Römern als Gottheiten verehrt. Bei der Vitrine mit dem Modell der Brücke steht ein Altarstein, welcher dem Jupiter, dem Wassergott Neptun sowie Danuvius – der Personifikation

Im Manchinger Museum stößt man auch auf ein Modell eines römischen Holz-Erde-Kastells, das unweit von Ulm an der Donau bei Nersingen lag.

In einer Vitrine der Manchinger Museumsabteilung, die sich dem römischen Militär widmet, sieht man diese Schlachtformation.

der Donau – geweiht wurde. In der Dauerausstellung sieht man den Nachbau eines römischen Schiffs samt Rudern und Segel, und man erfährt hier mehr zur Bedeutung der Donau für Handelsschifffahrt und Flößerei. Flüsse waren quasi die Autobahnen und Bahngleise der Antike: Nur über Gewässer konnten schwere Lasten wie Steinquader und Massengüter wie Getreide oder Weinfässer schnell und günstig transportiert werden. Mit den Flößen kam das Holz, das die Römer sowohl als Baustoff wie auch als Brennstoff in großen Mengen benötigten. Die Ausstellung vermittelt zudem, dass auf Flussschiffen größere Truppenverbände und ihre Ausrüstung rasch verschoben werden konnten. Daran, dass die Donau früh zur nördlichen Grenze Raetiens geworden war, erinnert das Miniaturmodell eines Kleinkastells in Nersingen (ein Ort nahe Ulm): Diese Holz-Erde-Anlage der Donaulinie entstand in der Zeit um 30 bis 40 n. Chr.

Zinnfiguren vermitteln Roms Militärmacht

Eine Abteilung des Museums widmet sich ganz der Militärmacht des Weltreiches. Dort sieht man zum Beispiel Replikate römischer Feldzeichen. In Vitrinen erklären Zinnfiguren Schlachtformationen und Taktiken des römischen Heers sowie Szenen von Kämpfen und Überfällen. Selbst noch im Miniaturformat vermitteln diese Stationen die Wucht römischer Gefechtstaktiken fast beängstigend real.

Das Replikat eines Meilensteins im Köschinger „Römergarten" erinnert an das erste Kastell der Römer nördlich der Donau.

Germanicum, das erste römische Kastell nördlich der Donau

Der Meilenstein im Köschinger „Römergarten" und die Gedenksäule für eine Römerstraße im nahen Theißing

Eine in der oberbayerischen Marktgemeinde Kösching aufgefundene Kastellinschrift erlaubt es, den Bau eines römischen Kastells hier auf das Jahr 80 n. Chr. zu datieren. Damit war auch der Ort Germanicum belegt, den schon die „Tabula Peutingeriana", die Kopie einer antiken römischen Straßenkarte, überliefert hatte. Den Namen Germanicum hatte dieses Kastell wohl erhalten, weil es das erste war, das nördlich der Donau – der ersten Nordgrenze der Provinz Raetien – errichtet worden war. Ein Nachguss der 1928 entdeckten (aber im Zweiten Weltkrieg verlorengegangenen) Bauinschrift des Kastells ist im Foyer des Rathauses zu sehen. Im Marktort verrät wenig vom überbauten römischen Kastell. Die Pfarrkirche wurde über dem Hauptgebäude (principia) des Kastells errichtet. Südlich der Kirche steht der Abguss eines 1984 gefundenen römischen Meilensteins im „Römergarten" (nicht zugänglich, aber durch ein Gitter zu besichtigen). Das Original sieht man im angrenzenden Heimatmuseum. Im acht Kilometer östlich gelegenen Nachbarort Theißing erinnert eine 1860 aufgestellte Gedenksäule an die Römerstraße, die Kösching mit Pförring verband.

Stählerne Silhouetten römischer Reiter hoch über dem südöstlich gelegenen Pförring verraten den Standort des Kastells Celeusum.

Die Römische Wölfin und ein Reiterkastell mit weiter Aussicht

Zwei Römersteine im Ortszentrum, Römerfunde im Rathaus und ein „Kastelltor" hoch über Pförring

In Pförring findet man die Antike im Zentrum – auf dem Marktplatz und unter den Doppeltürmen der romanischen Kirche St. Leonhard. Im Grün vor der Kapelle St. Sebastian stehen drei Steindenkmäler aus römischer Zeit. Gut erhalten ist die Inschrift der „steinernen Geburtsurkunde" Pförrings. Die Bauinschrift des Castrum Celeusum, das 141 errichtet wurde, lautet übersetzt: „Dem Imperator Caesar, des göttlichen Hadrians Sohne, des göttlichen Trajans Enkel, dem Titus Aelius Hadrianus Antoninus Augustus dem Frommen, Oberpriester, Vater des Vaterlandes, Konsul zum 3. Mal, mit der tribunizischen Macht

Eine der beiden Relieffiguren am Grabmal des Rittmeisters Primius Saturninus.

Auf dem hohen Plateau nordwestlich von Pförring vermittelt eine Gerüstkonstruktion die imposanten Dimensionen des Kastelltors.

zum 4. Mal ausgestattet [widmet dies] die Ala I Singularium, die zuverlässige und getreue, aus römischen Bürgern." Der zweite Stein ist das Grabmal eines Primius Saturninus: Er hatte im Kastell in Weißenburg (Biriciana) als Rittmeister gedient. Sein Grabstein wurde in der Pförringer Kirche gefunden, wo er als Türschwelle verbaut worden war. Die Ecken dieses länglichen Steins schmückt das Relief einer Figur. Den dritten Stein ziert das stark verwitterte Fragment eines Reliefs der Römischen Wölfin (Lupa Romana), die Romulus und Remus säugt. Im Foyer des benachbarten Pförringer Rathauses sind in Vitrinen Kleinfunde aus Metall, Keramik und Glas ausgestellt.

Nordwestlich des Ortes erinnert ein Gedenkstein auf dem Plateau Biburg an das Kastell Celeusum. Eine Gerüstkonstruktion vermittelt die Dimensionen des Nordosttors des Reiterkastells. Dass hier eine berittene Einheit stationiert war, zeigen aus Cortenstahl gefertigte Silhouetten von Reitern.

Dieser Schriftzug neben einem Parkplatz an der B 299 nah bei Pförring markiert den Beginn des Wegs zum Plateau Biburg.

Die Lupa Romana von Pförring

Ein Steinrelief erinnert an die Gründung von Rom

Die Römische Wölfin (Lupa Romana) ist ein zentrales Motiv der Stadtgründungslegende von Rom: Die Zwillinge Romulus und Remus waren Kinder des Kriegsgottes Mars, der sie mit einer zur Jungfräulichkeit verpflichteten Priesterin der Vesta (der römischen Göttin von Heim und Herd sowie der Herd- und der Opferfeuer) gezeugt hatte. Doch Amulius, der König der Stadt Alba Longa, ließ die Neugeborenen aussetzen. Die Wölfin fand die Kinder am Fuße des Palatins und säugte sie. Ein Hirte entdeckte später die Kinder: Er zog sie gemeinsam mit seiner Frau auf. Der Sage nach gründeten Romulus und Remus (den sein Bruder danach im Streit erschlug) die Ewige Stadt. Die um das Jahr 1832 in Pförring gefundene Spolie gehörte vermutlich zum Sockel eines Grabmals. Der früher weitaus größere Stein lässt den (kopflosen) Körper der Wölfin erkennen. An ihren Zitzen saugen zwei Kinder.

Das Relief an einer Schmalseite des Pförringer Romulus-und-Remus-Steins in einer Grünanlage vor der Kapelle St. Sebastian lässt einen springenden Hasen erahnen.

Im Inneren der Kirche St. Andreas in Bad Gögging befindet sich das Römische Museum für Kur- und Badewesen.

Römische Soldaten nutzten die Heilquellen an der Abens

In der Kirche St. Andreas in Bad Gögging erinnert ein Museum an das Kur- und Badewesen am Limes

Das Römische Museum für Kur- und Badewesen im Ortszentrum des niederbayerischen Bad Gögging erinnert daran, dass römische Soldaten Schwefelquellen im heutigen Kurort spätestens seit dem 2. Jahrhundert zur Heilung nutzten. Unweit des Flüsschens Abens wurde hier wohl zu Zeiten Kaiser Trajans (um 110) die erste Therme erbaut. Zur Anlage gehörten ein Caldarium, ein Sudatorium und ein Frigidarium. Die große Therme entstand wohl erst um das Jahr 180 unter dem Kaiser Marc Aurel oder unter Commodus, seinem Sohn und Nachfolger. Soldaten der Dritten Italischen Legion aus dem circa 48 Kilometer entfernten Regensburg sowie aus dem nur dreieinhalb Kilometer weiter nördlich an der Donau gelegenen Kastell Abusina (Eining) suchten die Heilquellen auf. Ans zentrale Badebecken waren Einzelwannen, Becken sowie mehrfach umgebaute und veränderte Räume angegliedert. Bis in das 4. Jahrhundert wurden die Thermen, die im 3. Jahrhundert zumindest schwer beschädigt worden waren, genutzt. Das fast acht mal elf Meter große beheizbare Badebecken wurde im Mittelalter mit der Kirche St. Andreas überbaut.

Die Fahnen am Eingang zum Kastell Abusina bei Eining machen unübersehbar klar: Dieser Ort ist Teil des UNESCO-Welterbes.

Abusina – ein umkämpfter Ort hoch über dem Tal der Donau

Das Kastell bei Eining war dreieinhalb Jahrhunderte lang besetzt – und erinnert heute an frühe Christen

Die Abens gab dem Kastell Abusina bei Eining den Namen: Dieses Flüsschen strömt am östlichen Rand des tiefer gelegenen Donautals an der Westseite des Kastells vorbei und geht etwa 700 Meter weiter nördlich in der Donau auf. Dass die Mauerreste dieses Kastells nah beim südöstlichen Ufer der Donau kurz vor Kelheim seit 2005 ein Objekt des UNESCO-Welterbes „Obergermanisch-Raetischer Limes" sind, zeigen die roten Fahnen am Eingang zum öffentlich zugänglichen Kastellgelände an. Selbst unter den Stationen des Welterbes Limes hat das Kastell bei Eining eine gewisse Alleinstellung: Denn diese Anlage ist bayernweit das einzige römische Kastell, dessen Mauerreste derart vollständig freigelegt und konserviert wurden.

Einen ersten Eindruck von der Ausdehnung des Areals erhält man auf der Aussichtsplattform am Haupteingang zum Kastellgelände an der Abusinastraße. Dort beschreibt eine kleine Ausstellung die Geschichte der Erforschung dieses Kastells – von ersten Ausgrabungen im 19. Jahrhundert durch geschichtsinteressierte Laien bis hin zur

Von der Aussichtsplattform über dem Kastell Abusina aus schaut man auf die konservierten Fundamente des Kastellbads.

Archäologie mit modernster Technik. Die Wege in dieser jederzeit öffentlich zugänglichen, beinahe zwei Hektar großen Anlage sind relativ weit: Für Besucher lohnt es sich dennoch, auch noch an den abgelegensten Ecken des Kastells auf Spurensuche zu gehen und sich die Zeit zu nehmen, die informativen, gut verständlichen Texte der Beschilderungen zu lesen. Wer hier genauer hinsieht, bekommt

Der Blick auf die aufgemauerten Fundamente des mittelkaiserzeitlichen Kastells Abusina. Im Hintergrund ist Eining zu erahnen.

Antiker Luxus: Bei den Mauerresten des kleinen Badegebäudes des Kastells entdeckt man die Schächte einer Wandheizung. Im Reduktionskastell wurde ein Trinkwasserbrunnen ausgeschachtet.

einiges vom Alltag der Römer im Kastell nahe der Donau mit. Nicht zuletzt zeigen zwei in Bronze gegossene Baumodelle des Kastells Abusina den Weg des Militärstandortes vom großen Steinkastell der Hohen Kaiserzeit – sie begann 117 mit Kaiser Hadrian und endete 284 mit dem Regierungsantritt Kaiser Diokletians – bis hin zu einem spätantiken Reduktionskastell.

Das Kastell Abusina war anfangs nur ein Holz-Erde-Kastell gewesen, das wohl in der Regierungszeit des Kaisers Titus erbaut worden war. Dieser Flavier, der Sohn Kaiser Verspasians und der Vorgänger seines Bruders Domitian, regierte von 79 bis 81 n. Chr. In der ersten Hälfte des 2. Jahrhunderts entstand die steinerne Wehrmauer dieses Donaukastells. Die Unterkünfte der einfachen Soldaten waren langgestreckte Baracken – mit Lehm verputzte Fachwerkbauten. Nördlich des Kastells wurden ein

Das große Badegebäude beim Kastell Abusina: Diese Mauern gehörten wohl zum Caldarium.

Ein Modell auf dem Kastellgelände zeigt die Anlage während der Mittleren Kaiserzeit: Das zentrale Stabsgebäude, die Wehrmauer, Lagertore und Türme waren aus Stein gebaut. Die langgestreckten Mannschaftsbaracken wurden in Holz-Lehm-Bauweise errichtet.

Kastellbad und ein Rasthaus (mansio) errichtet. Beim Kastell lag auch eine größere Siedlung: Es wird vermutet, dass ihre Bedeutung mit den nur dreieinhalb Kilometer südlich an der Abens gelegenen schwefelhaltigen Heilquellen im heutigen Bad Gögging zusammenhing. In das Restkastell in der Südwestecke des bis dahin zehnmal größeren Kastellgeländes zogen sich die Römer um das Jahr 300 zurück. Dieses Reduktionskastell wurde angesichts der erwartbaren Angriffe aus dem Barbaricum nördlich der Donau noch während des 4. Jahrhunderts mehrfach weiter ausgebaut. Die Bewohner des bis dahin schon in den Markomannenkriegen in der Zeit um 175 sowie im 3. Jahrhundert zweimal durch Alamannen zerstörten vicus beim Kastell Abusina hatten sich nach 260 aus dem Lagerdorf hinter die Schutz bietenden Kastellmauern zurückgezogen. Um 430 gab das römische Militär jedoch das strategisch bedeutende und deshalb so oft umkämpfte, jetzt aber niedergebrannte Kastell Abusina auf.

Ein Gang über das Gelände des Kastells verdeutlicht die essenzielle Rolle der römischen Badekultur für die Soldaten im Kastell. Und ein mehr als 22 Meter tiefer Schachtbrunnen (seine Fassung misst drei mal drei Meter) bei den Mauern des Reduktionskastells unterstreicht die immense Bedeutung, die auch einer gesicherten Trinkwasserver-

Nach der Krise im 3. Jahrhundert zog sich das römische Militär in ein Reduktionskastell in der Südwestecke des zuvor zehnmal größeren Kastells Abusina zurück. Die Bewohner des vicus waren schon um 260 vom Lagerdorf hinter die Kastellmauern gezogen.

sorgung zukam. Denn ehe sich die Römer in das Restkastell zurückzogen, mussten sie sich für den 23 Meter tiefen Brunnenschacht, der vor dem Wohnhaus des Kommandanten und dem Stabsgebäude lag, mühsam durch den Jurakalk hindurcharbeiten, um Grundwasser schöpfen zu können. Um 430 wurde das Kastell Abusina – wohl von Juthungen – zerstört. Ehe die Römer den Standort aufgaben, machten sie das Wasser im Felsbrunnen für die nachrückenden Barbaren wohl auch dadurch ungenießbar, dass sie eine Leiche in den Schacht warfen: Neben Brandschutt hat man dort ein Skelett gefunden. Bald nach 1900 hat man im Nordosten des Kastellgeländes in den Relikten einer Kanalheizung neben Münzen aus der ersten Hälfte des 4. Jahrhunderts einen bronzenen Fingerring mit einem Spruch auf der Siegelplatte entdeckt: Spiegelverkehrt sind darauf die Worte „VIVAS IN DEO" („Mögest du in Gott leben") eingraviert. Es ist ein früher, aber nicht extakt datierbarer Beleg für Christen in Bayern.

Nördlich von Eining lag ein elf Hektar großes Militärlager, wohl ein Versorgungslager der Dritten Italischen Legion, die hier während der Markomannenkriege kurzzeitig stationiert war. Nur einige Geländespuren sind hier noch zu finden. Von einem Heiligtum für Mars und Victoria (2. und 3. Jahrhundert) bei Eining ist nichts mehr zu sehen.

Die Hadriansäule östlich von Hienheim markiert das nahe Ende des Obergermanisch-Raetischen Limes am nördlichen Ufer der Donau.

Die Hadriansäule am Ende des Obergermanisch-Raetischen Limes

Ein Gedenkstein des bayerischen Königs bei Hienheim erinnert an das östlichste Teilstück der „Teufelsmauer“

Von Eining aus sahen die Römer über die Donau hinweg bis zum drei Kilometer nördlich gelegenen Ende des Limes bei Hienheim. Dort lag der östlichste römische Truppenstützpunkt am Obergermanisch-Raetischen Limes: Man nimmt an, dass immer wieder Soldaten aus dem Kastell Abusina ins dortige Kleinkastell abkommandiert wurden.

Am Nordufer des Flusses endete die Limesmauer unspektakulär. Zur Erinnerung an diesen Endpunkt hat König Maximilian II. Joseph von Bayern 1861 an der Straße zwischen Hienheim und Kelheim eine Gedenkstele setzen lassen: Die sogenannte Hadriansäule zeigt zur Straße hin die Inschrift: „Hier am linken Donauufer beginnt der von den römischen Kaisern Trajan, Hadrian u. Probus in den Jahren 117 bis 282 n. Chr. gegen die Teutschen angelegte bis an den Rhein laufende Wall, auch Teufelsmauer genant.“ Dem streckenweise gut erkennbaren Schuttwall der sogenannten Teufelsmauer kann man auf einem Feldweg bis zur Donau folgen. Auf der gegenüberliegenden Seite der Landstraße führt ein Feldweg zu einem nur wenige

Die architektonisch modern interpretierte Version eines Limeswachturms steht wenige hundert Meter nördlich der Hadriansäule.

hundert Meter entfernten Aussichtsturm: Mit ihm wurde ein Limeswachturm in moderner Architektur nachempfunden. Entlang des Feldwegs vor diesem hölzernen Turm zieht sich der Schuttwall der Grenzmauer etwa einen Meter hoch gut sichtbar durch das Gelände. Von den nahen Limeswachtürmen und von einem 1970 entdeckten Kleinkastell ist im Gelände dagegen kaum noch etwas zu erkennen.

Auf der Hadriansäule wird der Grenzwall als „Teufelsmauer" bezeichnet – ein früher für den Limes häufig verwendeter Begriff.

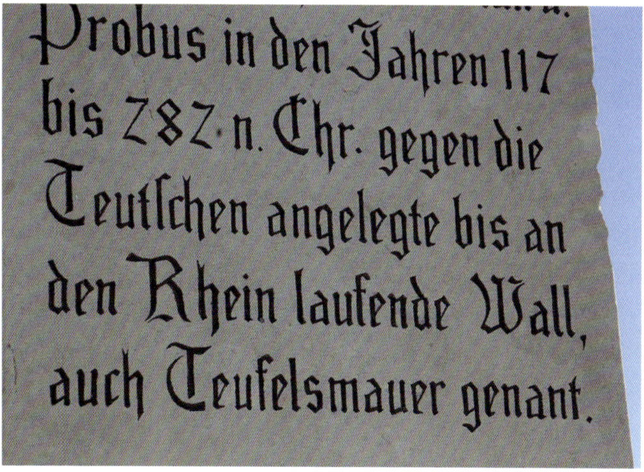

Ein römischer Zenturio im Museum Quintana in Künzing: Die zwei kleinen Besucher vor der Figur wirken skeptisch: Ob dieser martialische Römer nicht vielleicht doch irgendwie gefährlich ist?

AM DONAULIMES BIS ZUM INN

Rom in Künzing, Regensburg, Straubing und Passau

Nach dem Endpunkt des Obergermanisch-Raetischen Limes bei Hienheim kam der Donau flussabwärts die Rolle eines „nassen Limes" zu. Der westliche Teil des Donaulimes, der durch Bayern, Österreich und die Slowakei verläuft, wurde 2021 unter dem Namen „Grenzen des Römischen Reiches – Donaulimes (westlicher Abschnitt)" in die UNESCO-Welterbeliste aufgenommen. Dieser Teil des Limes verläuft vom bayerischen Bad Gögging bis zum Kastell Iža-Leányvár in der Südslowakei. Die Welterbeobjekte am mehr als 600 Kilometer langen Teilabschnitt des Donaulimes sind auch hier die Relikte von Legionslagern und Kastellen, von Marschlagern, Wachtürmen, Brückenköpfen und zivilen Siedlungen.

Eine der Gesichtsmasken aus Messing, die im 3. Jahrhundert vergraben wurden, ist Teil eines Straubinger Hortfundes.

Bei der Erkundung römischer Spuren an der „nassen" Grenze entlang der Donau in Bayern ist das Zyklopenmauerwerk von Castra Regina unbestritten ein Höhepunkt. Seit 2021 steht Regensburg mit seiner Altstadt und mit dem Donaulimes sogar zweimal auf der Welterbeliste.

In Bayern wurden so neben den Relikten des römischen Heilbads in Bad Gögging archäologische Funde bei Eining (wo das Kastell Abusina ohnehin schon seit 2005 zum Welterbe am Obergermanisch-Raetischen Limes gehörte), in Weltenburg, in den Regensburger Stadtteilen Kumpfmühl und Großprüfening, in Straubing, Künzing und Passau (Kastell Altstadt, Kastell Boiotro und burgus Haibach) zu Objekten der Welterbestätte. Regensburg ist seither mit der Altstadt und nun auch über den Donaulimes sogar zweimal auf der Welterbeliste vertreten.

Etwa 45 Kilometer südöstlich von Regensburg zeigt das Gäubodenmuseum in Straubing Paraderüstungen und Gesichtsmasken, Teile eines 1950 ergrabenen Hortfundes. Weitere gut 45 Kilometer flussabwärts lockt das Museum Quintana nach Künzing. Ein 2003 in Künzing entdecktes Amphitheater ist als Miniaturmodell im Museum zu sehen. Eine Gerüstkonstruktion deutet dieses Amphitheater im Areal des Kastells Quintana an. 30 Kilometer südöstlich steht das Römermuseum Kastell Boiotro in Passau am Inn. Der Fluss war die Grenze zwischen Raetien und Noricum.

Das Römermuseum in Passau, daneben konservierte Mauerreste des Kastells Boiotro.

Der Raetische Limes beginnt westlich der bayerischen Grenze in Baden-Württemberg. Der erste daran anschließende Abschnitt des Grenzwalls in Bayern zieht sich von West nach Ost durch Mittelfranken. In Weißenburg findet man seit 2005 das Bayerische Limes-Informationszentrum für das UNESCO-Welterbe „Grenzen des Römischen Reiches – Obergermanisch-Raetischer Limes".

Am Raetischen Limes in Mittelfranken

Mit dem rekonstruierten Wachturm bei Mönchsroth beginnt der Raetische Limes am westlichen Rand des Bundeslandes Bayern.

Am westlichsten Abschnitt des Raetischen Limes in Bayern

Zu Wachtürmen, Kastellen und einer „Arena": Stationen des UNESCO-Welterbes in Mittelfranken

Auch, wenn es nicht den historischen Gegebenheiten entspricht – denn der erste römische Grenzwall entstand in einer Holzbauphase: Spricht man in Bayern vom Limes, denkt man an die „Teufelsmauer". Mit einem höllischen Bauherrn erklärte man sich im Mittelalter den nicht selten vom Wald überwucherten, aber doch deutlich erkennbaren Steinwall, der durch weite Teile Mittelfrankens und das oberbayerische Altmühltal verläuft. Im Westen beginnt der Raetische Limes am Kastell Schirenhof im heutigen Gebiet der baden-württembergischen Stadt Schwäbisch Gmünd. Von da zieht sich der Grenzwall bis zur Donau bei Hienheim. Seit dem Jahr 2005 ist Europas längstes archäologisches Bodendenkmal – „Grenzen des Römischen Reiches: Obergermanisch-Raetischer Limes" ein UNESCO-Welterbe.

Der Limeswachturm bei Mönchsroth

Auf bayerisches Gebiet trifft der Limes erstmals wenige Kilometer nördlich von Dinkelsbühl. Im Dörfchen Mönchsroth steht der west-

Der Raetische Limes

Die „Teufelsmauer" ist seit 2005 UNESCO-Welterbe

Der „Obergermanisch-Raetische Limes" (samt Lagerdörfern und Infrastruktur) wurde 2005 in die Liste des UNESCO-Welterbes aufgenommen. Dieser insgesamt 550 Kilometer lange Grenzwall mit seinen 900 Wachposten und 120 Kastellorten war in seinem Teilabschnitt in der Provinz Raetien nicht die erste und nicht die letzte Reichsgrenze. Denn bevor der Limes im 1. und 2. Jahrhundert nach Norden verschoben wurde, war die Donau die Grenze der Provinz Raetien gewesen. Erst als der Landlimes im 3. Jahrhundert aufgegeben wurde, wurde der Fluss erneut zur Grenze des Reiches. Verglichen mit den früh gegründeten, erst im 5. Jahrhundert aufgegebenen Römerstädten Augsburg und Kempten war der Landlimes eine kurzlebige Erscheinung. Anders als die Städte war diese Grenze bald vergessen: Als man sich die Schuttwälle, die Relikte der letzten Ausbauphase, nicht mehr so recht erklären konnte, machte sie der Volksmund zur „Teufelsmauer".

Ein Gedenkstein bei Dambach erinnert an den Limes. Wie die Römer selbst ihre Grenze nannten, ist nicht bekannt.

lichste heute sichtbare Wachturm am Limes: ein massiger Turm, daran beiderseits anschließend kurze Abschnitte einer etwa drei Meter hohen Mauer. Das idyllisch am Waldrand gelegene Denkmal ist – wie vieles mehr am Limes – eine Teilrekonstruktion. Denn der Wachturm WP 13/2 und die angrenzenden Mauern wurden erst 1985/86 neu errichtet. Mit solchen Aufmauerungen hat man seit dem 19. Jahrhundert versucht, die wiederentdeckten Mauerreste für ein breiteres Publikum erfahrbar zu machen. Am Limesturm bei Mönchsroth wie an allen weiter östlich gelegenen Römerstätten und Rekonstruktionen informieren Beschilderungen zu den jeweiligen Bauwerken und ihrer Entstehungsgeschichte. Die Beschilderung beim Limesturm bei Mönchsroth zeigt beispielsweise auch, wie dicht an dicht die nachfolgenden Wachtürme an diesem Abschnitt des Grenzwalls standen.

Der Limeswachturm bei Weiltingen

Turmfundamente des Limeswachturms WP 13/7 entdeckt man rund sieben Kilometer weiter westlich auf halber Strecke zwischen Wilburgstetten und Weiltingen am Waldrand südlich der Staatsstraße 2385. Ausgangspunkt ist ein Parkplatz über dem Ufer der Wörnitz:

Wo der Limes in Bayern beginnt

Die Wachtürme am Grenzwall und ihr Zählsystem

Rund 160 Kilometer des Welterbes „Grenzen des Römischen Reiches – Obergermanisch-Raetischer Limes" erstrecken sich in Bayern vom Kastell Obernburg am Main (bei Aschaffenburg, Unterfranken) bis Hienheim (Stadt Neustadt an der Donau). Die Wachtürme („Wachposten", abgekürzt „WP") am Limes werden in 15 Streckenabschnitten durchgezählt. Die Abschnitte 13 bis 15 des Raetischen Limes liegen zwischen Wilburgstetten nahe Dinkelsbühl und Hienheim (bei Kelheim). An der Donau endet der Raetische Limes mit dem Wachturm WP 15/47. Vom westlichsten Limeswachturm in Bayern (WP 13/1) hat sich nur ein flacher Schutthügel im Wald zwischen dem württembergischen Weiler Eck am Berg (Ostalbkreis) und dem mittelfränkischen Dorf Mönchsroth (Verwaltungsgemeinschaft Wilburgstetten, Landkreis Ansbach) erhalten. Der erste oberirdisch sichtbar gemachte Wachturm (WP 13/2) ist der südlich von Mönchsroth.

Das Limeseum in Ruffenhofen informiert zum Limes und zu den dort stationierten römischen Soldaten. Eine Museumsvitrine zeigt das Modell eines steinernen Wachturms an der Raetischen Mauer.

Wer hier die Straße überquert, stößt gleich auf eine Beschilderung. Von dort führt der Weg zur Turmstelle auf einem Trampelpfad im Wald neben der Staatsstraße weiter westwärts in Richtung Wilburgstetten. In Weiltingen ist man mit dem Automobil wenig mehr als fünf Minuten von einem zentralen bayerischen Limesmuseum, dem Limeseum entfernt. Dieses archäologische Museum im Römerpark Ruffenhofen – im kleinen Ortsteil der Marktgemeinde Weiltingen – informiert ausführlich zu den Grenzanlagen sowie zu den Lebensbedingungen römischer Soldaten und ihrer Familien am Limes.

Die „Arena" von Dambach

Während das Limesmuseum mit seinem Römerpark zu den Höhepunkten einer Erkundungstour entlang des Limes in Mittelfranken zählen dürfte, werden sich für die beiden östlich nachfolgenden Stationen Archäologen wohl sehr begeistern können – „Normal-Touristen" vermutlich eher weniger. Denn bei den Ausgrabungen bei einem Kleinkastell im heutigen Dambach fand man im feuchten Untergrund ein Quellheiligtum. Die dort ergrabenen Votivgaben (aus Holz angefertigte Arme, Beine und sogar Brustkörbe) gelten als singulärer Fund. Im feuchten Boden sollen sich selbst Lederschuhe erhalten haben. Dendrochronologische Untersuchungen an hier ge-

Ein Hinweisschild am Waldrand bei Dambach zeigt den Weg zur „Arena“: Von dem kleinen Amphitheater am Limes ist jedoch nur eine runde Vertiefung zu sehen, die der Wald überwuchert hat.

fundenen Hölzern der Pfahlgründung ergaben, dass der Bau der Raetischen Mauer in den Jahren 206/207 stattgefunden hat.

Eine runde Bodenvertiefung im Wald stellt vermutlich das Relikt eines der wenigen kleinen Amphitheater am Limes dar. Der Weg zur sogenannten Arena ist ausgeschildert. Im Sommer 2022 war dieses Bodendenkmal aber völlig von Bäumen und Gebüsch überwuchert. Ein Gedenkstein mit dem Schriftzug „LIMES“ am Straßenrand beim Weg zur „Arena“ erinnert immerhin an die Lage des Grenzwalls.

Die Limesmauer am Dennenloher See

Hier wie im nahen Dennenlohe entschädigt die mittelfränkische Landschaft um einen See für den Weg zu den (abseits der Archäologie) nicht sonderlich spektakulären Erinnerungen an die Römer. Am Ostufer des Dennenloher Sees hat man ein kurzes Teilstück der Limesmauer rekonstruiert. So kompakt dieses Mauerstück auch aussieht: Der ab der Zeit um das Jahr 207 gemauerte Wall war wahrscheinlich weniger als militärisch zu verteidigende Grenze gedacht. Vielmehr sollte die Limesmauer wohl die technische Überlegenheit der römischen Zivilisation zeigen und als Demonstration der Macht auf potenzielle Angreifer abschreckend und einschüchternd wirken.

Von der Palisade zur Mauer

Der Bau des Limes begann mit einer Holzbauphase

Mit dem Wort „Limes" bezeichneten die Römer selbst nur eine Schneise: einen Rain, einen Querweg, eine Grenzlinie zwischen Äckern. Viel mehr als ein Patrouillenweg war der Limes anfangs auch nicht. Wachtürme, Kastelle und Mauern hatten die Römer bei diesem Wort noch nicht im Sinn. Erst die deutsche Sprache machte den Limes zum Begriff für die befestigte Reichsgrenze, weil lateinische Textpassagen falsch interpretiert worden waren. Der große Grenzwall bestand zunächst nur aus Holz und Erde. Ab der Zeit um das Jahr 100 wurde die von der Donau auf die Alb vorgeschobene Nordgrenze Raetiens mit Palisaden aus angespitzten Eichenstämmen, hölzernen Wachtürmen im Abstand von 400 bis 800 Metern sowie Holz-Erde-Kastellen gesichert. Auf diese Holzbauphase folgte in Raetien spätestens zu Beginn des 3. Jahrhunderts der Ausbau der Reichsgrenze in Stein. Mit dem Jurakalk von der Alb besaß man am Raetischen Limes genug Baumaterial für eine 1,2 Meter starke und bis zu drei Meter hohe Mauer.

Palisaden aus Eichenholz sicherten den frühen Limes.

Am östlichen Ufer des Dennenloher Sees hat man ein kurzes, etwa drei Meter hohes Stück der Raetischen Mauer rekonstruiert.

Römerstätten am Limes in Gunzenhausen

Besonders dicht an dicht liegen die Relikte römischer Wachposten am Limes in Gunzenhausen. Vier Turmstellen und die Relikte eines Kleinkastells findet man dort wenige hundert Meter voneinander entfernt auf dem Schlossbuck. Im Zentrum der Altstadt erinnern Inschriften an den Limes und an ein Kastell.

Die Turmstelle bei Rittern ist Welterbe

Auf einer Strecke von nur 20 Kilometern zwischen Gunzenhausen und dem östlich davon gelegenen Ellingen lässt sich der Verlauf des Limes anhand mehrerer Turmstellen gut nachvollziehen. Eine Besonderheit ist hier das Fundament eines Wachturms (WP 14/17) auf dem sogenannten Espan bei Rittern. Als einzige Rekonstruktion am Limes in Mittelfranken ist diese 1,4 Meter hohe Aufmauerung ein Objekt des UNESCO-Welterbes: Sie ist bereits 1964 entstanden. Noch im selben Jahr hat die UNESCO die „Charta von Venedig" verabschiedet, in der beschlossen wurde, dass auf derartige Rekonstruktionen künftig verzichtet werden solle. Die Turmstelle bei Rittern ist ziemlich leicht zu finden. Ihre Mauern sind – nur ein paar Meter von der Landstraße in Richtung Thannhausen entfernt – schon von Weitem am Rand eines Feldwegs sichtbar.

Die Kastelle und ihre Bauweise

Militärlager am Limes waren einheitlich angelegt

Beim Bau der Kastelle am Limes orientierten sich die Römer vorrangig an der Größe und den Aufgaben dort stationierter Truppenteile. Die Besatzung dieser Militärstützpunkte, häufig eine Einheit mit 500 Soldaten, bestand in der Regel aus Hilfstruppen, für die waffenfähige junge Männer aus der Provinz rekrutiert wurden. Diese Soldaten dienten in der Infanterie (cohors), der Kavallerie (ala), seltener in einer gemischten Einheit (cohors equitata). Wo nötig, passte sich das Kastell dem Gelände an. Dennoch wurden Limeskastelle recht einheitlich – mit rechteckigem Grundriss und abgerundeten Ecken, mit bis zu sechs Meter hohen Mauern und mit Gräben davor – errichtet. Zwei Flankentürme schützten die Tore. Wachtürme standen an den Ecken und an längeren Mauerabschnitten. Zwischen den Türmen lagen mit Zinnen bekrönte Wehrgänge. Das Zentrum des Kastells war der Verwaltungsbau (principia) mit den Diensträumen des Kommandeurs, der Waffenkammer, der Truppenkasse und einem Heiligtum mit den Standarten der Einheit. Daneben befanden sich das praetorium (das Wohnhaus des Kommandeurs) sowie Gebäude, die als Magazin oder Werkstatt dienten. Kasernenbauten für bis zu 80 Soldaten und die Pferdeställe lagen bei der principia. Manche Kastelle verfügten auch über ein Lazarett. Eine Einrichtung war überall obligat: Auf ein Bad musste kein Soldat am Limes verzichten.

Die Aufmauerung des Wachturms bei Rittern entstand 1964. Sie gehört deshalb, anders als spätere Aufmauerungen, zum Welterbe.

Die Turmstelle bei Dorsbrunn

Auch am Rand der Landstraße zwischen den Dörfern Thannhausen und Dorsbrunn liegt eine Turmstelle (WP 14/20). Sie wurde im Zuge des Ausbaus der Straße zwischen diesen beiden Orten archäologisch ausgewertet. 1987 hat man das Fundament dieses Limeswachturms etwa einen Meter hoch aufgemauert.

Das Kastellbad bei Theilenhofen

Knapp drei Kilometer südöstlich von Rittern beziehungsweise rund sieben Kilometer westlich von Dorsbrunn liegt Theilenhofen. Dort erreicht man nach einem kurzen Spaziergang die aufgemauerten Relikte eines Kastellbads. Ein höher gelegener Teich lieferte diesem Bad das Wasser. Der erst nach 1964 erfolgten Aufmauerung des Kastellbads blieb zwar der Welterbe-Status verwehrt, der Weg zu dieser idyllisch gelegenen Römerstätte ist dennoch zu empfehlen. Vom ehemaligen (196 mal 140 Meter großen) Steinkastell, von dem noch früheren Holz-Erde-Kastell und vom einstigen vicus ist jedoch nichts mehr zu sehen. Ein (nachgebildeter) Meilenstein an der Nordostecke des Kastellgeländes nennt die Namen dieses Standortes – Iciniacum – und der dort stationierten gemischten Einheit aus Fußsoldaten und Reitern, der Cohors III Bracaraugustanorum equitata.

Die 1987 aufgemauerte Turmstelle bei Dorsbrunn ist kaum zu übersehen: Sie befindet sich unmittelbar neben einer Landstraße.

Nach Weissenburg, Ellingen und Burgsalach

Drei Höhepunkte einer Erkundung des Limes in Mittelfranken folgen östlich von Theilenhofen – das Kastell bei Ellingen, die Thermen, das Kastell und das Bayerische Limes-Informationszentrum in Weißenburg sowie der burgus und der Römererlebnispfad bei Burgsalach.

Bei Theilenhofen lag das Kastell Iciniacum: Heute sind dort nur noch die aufgemauerten Fundamente des Kastellbads zu sehen.

RUFFENHOFEN

Fast wie ein Raumschiff „schwebt" der futuristisch anmutende Museumsbau des Limeseums auf einer Anhöhe über dem angrenzenden Römerpark Ruffenhofen und dem nahen Wörnitztal.

Ein Museum fürs Welterbe: das Limeseum und der Römerpark

Ein futuristisch wirkendes Gebäude und Stationen am Wegrand vermitteln den Alltag der Römer am Limes

Dass das Limeseum hoch über dem Wörnitztal nahe Wittelshofen liegt, ist für dieses – neben dem kelten römer museum manching – wichtigste Museum am Raetischen Limes Fluch und Segen zugleich. Denn einerseits wurde das Museum weit abseits jeder Verkehrsinfrastruktur errichtet, die über eine Landstraße hinausgeht: Das kann an schul(bus)freien Tagen schon mal zu einem recht überschaubaren Besucheraufkommen führen. Andererseits kann man dieses Museum und den angrenzenden Römerpark Ruffenhofen (der mit seiner Ausdehnung in einer Römerstadt wie Augsburg oder auch Kempten niemals zu realisieren gewesen wäre) zumeist ungestört besichtigen und genießen. Vor allem aber ist die Aussicht vom Limeseum auf die mittelfränkische Landschaft und den nahe gelegenen Hesselberg für sich allein bereits ein Argument dafür, dieses Museum zu besuchen.

Das Miniaturmodell eines römischen Kastells verrät schon vor dem Eingang zum Limeseum den Grund für den Museumsstandort in

Unter einem Aussichtshügel – nur ein paar Schritte westlich vom Limeseum – liegt das Miniaturmodell des Reiterkastells Ruffenhofen. Der Nachbau zeigt diese Anlage im Format 1:10.

dieser Weltabgeschiedenheit. Das Modell vermittelt anschaulich das Aussehen des unter Antoninus Pius in Stein errichteten, 3,7 Hektar großen Militärstützpunktes, dessen Mauerreste im Boden unter dem Römerpark liegen – ein Erdboden, der noch bis vor wenigen Jahren landwirtschaftlich genutzte Fläche war. Um das Bodendenkmal des Kastells und des zugehörigen Lagerdorfes zu schützen, wurden in den Jahren 2002 und 2003 über das Amt für Ländliche Entwicklung Mittelfranken 40 Hektar Ackerland angekauft und anschließend in Grünland umgewandelt. Luftaufnahmen verdeutlichen, wie die Lage der Fundamente des Kastells in den Folgejahren durch Bepflanzung des Geländes für Museumsbesucher nachvollziehbar gemacht wurde.

Ein erstes Kastell war auch hier eine Anlage in Holz-Erde-Bauweise gewesen, das wohl unter

Anhand der Luftbildfotografie lässt sich gut erkennen, wie die Lage unterirdischer Relikte des Kastells Ruffenhofen durch die Bepflanzung dieses Areals vermittelt wird.

Das Kastell mal zwei: Ein Modell des Militärstützpunktes und seines Lagerdorfes steht im Museum vor einer Wand, an der die Anlage aus der Vogelschau visualisiert wird. Vor dem Kastell befanden sich die für römische Lagerdörfer typischen Streifenhäuser.

Trajan errichtet wurde. Dieser Kaiser regierte von 98 bis 117. Um das Jahr 100 hatten die Römer den Limes von der Donau auf die Schwäbische Alb und die Fränkische Alb vorgeschoben und durch eine Kette von Kastellen gesichert, deren nördlicher Endpunkt das

Das Leben der römischen Soldaten und ihrer Familien am Limes ist ein zentrales Thema dieses archäologischen Museums.

Eine Vitrine birgt unscheinbare Exponate, die aber nördlich der Alpen enorme Wirkmacht entfalteten: Ein Wachstäfelchen und Schreibgriffel stehen für die Schrift. Schriftlichkeit war eine der Voraussetzungen für die Überlegenheit der römischen Kultur.

Reiterkastell in Weißenburg war. Dadurch wurde das fruchtbare Hinterland des Limes geschützt, wo seitdem zahlreiche Kolonisten Landgüter anlegen konnten.

Es wird vermutet, dass im Kastell bei Ruffenhofen eine tausend Mann starke berittene (oder eine teilberittene) Einheit stationiert war. Wahrscheinlich wurde der Militärstützpunkt aufgelöst, nachdem die Raetische Mauer im Frühsommer des Jahres 254 vom römischen Militär aufgegeben worden und die Donau neuerlich zur Reichsgrenze geworden war. Oberirdisch ist (vom Miniaturmodell einmal abgesehen) nichts mehr von diesem Kastell und seinem vicus zu sehen. Wie beide angelegt waren, vermittelt das Limeseum jedoch mehrfach – erstens durch ein in der Dauerausstellung zentral positioniertes Baumodell, zweitens durch eine Abbildung an einer dahinterliegenden Wand und drittens durch den Museumsfilm, für den das Kastell und der vicus digital rekonstruiert wurden.

Das Lagerdorf an der Straße vor dem Kastell wurde von den für römische Zivilsiedlungen typischen Streifenhäusern dominiert. Das Zentrum der Zivilsiedlung scheint sich schon stadtähnlich entwickelt zu haben: Dort gruppierten sich individueller gestaltete Bauten um

Eine Station auf dem Gelände des Römerparks in Ruffenhofen widmet sich den Handelswegen der Römer in der Provinz Raetien.

einen Marktplatz. Wie der Alltag der Bewohner in den Häusern, Werkstätten und Innenhöfen des Lagerdorfes aussah, zeigen die in einigen Museumsvitrinen arrangierten Szenen. Exponate vermitteln auch den Staatskult und den Volksglauben. Unter den Lesefunden vom Kastellareal stechen auffallend viele Gemmen aus Edelsteinen und Halbedelsteinen hervor.

Stationen im 40 Hektar grossen Römerpark

Den Lebensumständen der Menschen am Limes widmet sich auch das weitläufige Gelände des Römerparks. Dort geht es um Landwirtschaft und um Nutzpflanzen, um Handels- und Reisewege sowie um römische Bestattungsriten. Auch ein römischer Holzspeicherbau und ein Römergarten sind zu besichtigen. Ausführliche, informative Beschilderungen erklären diese Stationen sowie den Limes, seine Funktion und den Schutz des Bodendenkmals. Der circa 40 Hektar große archäologische Park in Ruffenhofen ist seit dem Jahr 2005 ebenfalls ein Objekt des UNESCO-Welterbes Limes.

Eine aufschlussreiche Situation findet sich in der mittelalterlichen Dorfkirche St. Nikolaus in Ruffenhofen: Dort wurde der Boden mit etwa 1800 römischen Ziegeln belegt. Dies ist ein Beispiel dafür, wie antike Bauten in nachrömischer Zeit als Steinbruch genutzt wurden.

BESTATTET WURDE „EXTRA MUROS“

Die Gräberfelder lagen entlang der Ausfallstraßen

An der Straße, die das Limeseum mit dem Dorf Wittelshofen verbindet, liegt am östlichen Rand des Römerparks Ruffenhofen eine Station, die sich den römischen Bestattungsriten widmet. Auf beiden Seiten einer mehrere Meter langen übermannshohen Schautafel am Straßenrand ist jeweils – im Stil einer Historienmalerei – der Blick auf ein Gräberfeld dargestellt. Beide Perspektiven verdeutlichen, dass die Römer ihre Toten (mit seltensten Ausnahmen) „extra muros" – außerhalb der Mauern der Städte, Siedlungen und Kastelle – bestatteten. Die teils mehrere Meter hohen Grabmäler wurden in der Regel beiderseits von Ausfallstraßen aufgestellt. Bei ihrer Gestaltung wurde mitunter erheblicher Aufwand betrieben, denn sie vermittelten Rang und Reichtum des Bestatteten sowie seiner Familie. Bei dieser Station im Römerpark hat man Abgüsse solcher Steine aus mehreren Römerstädten aufgestellt.

Im Römerpark Ruffenhofen sind Grabdenkmäler wie das eines Augsburger Tavernenwirtes zu sehen: Seinen Grabstein ziert eine Schankszene.

Die villa rustica bei Hüssingen könnte wegen des am Hahnenkamm rauen Klimas nur im Sommer bewirtschaftet worden sein.

Die villa rustica bei Hüssingen: ein Denkmal der Alpwirtschaft?

Beim einsamen Hof auf der Fränkischen Alb hat man wohl nur in der wärmeren Jahreszeit Vieh gehütet

„Wenig sehenswert" urteilt die Website www.rom-in-deutschland.de über die Relikte eines römischen Bauernhofs nahe Hüssingen, einem Ortsteil der mittelfränkischen Gemeinde Westheim im Landkreis Weißenburg-Gunzenhausen. Und: „Insgesamt war dies eine eher einfache Anlage." Über dieses Urteil ließe sich streiten. Denn die westlich des Hahnenkammsees (wenige Kilometer von Hechlingen am See entfernten) einsam gelegenen Spuren des römischen Hofs liegen nicht nur landschaftlich idyllisch. Vielmehr verraten die restaurierten Grundmauern dieser im 2. oder 3. Jahrhundert errichteten villa rustica womöglich sogar eine interessante Geschichte. Man nimmt nämlich an, dass es sich bei diesem Hof um die Außenanlage eines rund vier Kilometer entfernten römischen Gutshofs gehandelt hat. Wegen des am Hahnenkamm, einem Höhenzug der Fränkischen Alb, oft sehr rauen Klimas habe man das Vieh wohl nur in der wärmeren Jahreszeit nahe Hüssingen gehütet. Im Winter hätten die Bewohner den einsamen Hof wohl verlassen. Damit aber wäre die villa rustica von Hüssingen quasi ein antikes Denkmal der Alp-/Almwirtschaft.

Die Inschrift der Spolie in der Außenwand der Gnotzheimer Kirche nennt Kaiser Titus Aelius Hadrianus Antoninus Augustus Pius.

Eine Spolie in der Kirchenmauer erinnert an ein Kastell am Limes

Die Bauinschrift an der Außenwand der Gnotzheimer Kirche entstand in der letzten längeren Friedenszeit

In der mittelfränkischen Marktgemeinde Gnotzheim – am Fuße des Hahnenkamms – erinnern zwei Inschriftensteine an respektive in der katholischen Kirche St. Michael an das (nicht mehr sichtbare) Kastell Mediana. Ein Inschriftenstein in der jederzeit zugänglichen Außenfassade der südlichen Langhauswand dieser Kirche stammt aus dem Jahr 144: Diese Spolie ist die Bauinschrift der mehr als zwei Hektar großen ummauerten Befestigung, die auf eines der ältesten Kastelle am Limes folgte. Ein erstes Kastell war wahrscheinlich schon unter Kaiser Trajan als Holz-Erde-Verschanzung errichtet worden. Steine des erneuerten Kastells wurden dann beim Bau der Kirche zweitverwendet. Die Bauinschrift an der Außenwand enthält eine Widmung für Kaiser Antoninus Pius, der das Reich von 138 bis zu seinem Tod im Jahr 161 regierte. Unter dem Adoptivsohn Kaiser Hadrians erfuhr das Imperium Romanum eine letzte längere Friedensperiode. Und die Weiheinschrift auf dem Bruchstück eines Steins an der südlichen Innenwand nennt Kaiser Caracalla: In seiner Regierungszeit wehrten römische Truppen im Jahr 213 einen Einfall der Alamannen ab.

Eine Gedenktafel am Kirchenplatz bei der Stadtkirche St. Marien erinnert an ein römisches Kastell in Gunzenhausen. Es wurde im 3. Jahrhundert – wahrscheinlich von Alamannen – zerstört.

Gunzenhausen: der nördlichste Punkt am Raetischen Limes

Auf dem Schlossbuck folgt man dem Limes zu vier Turmstellen und den Spuren eines Kleinkastells

Bei Gunzenhausen liegt der nördlichste Punkt des Raetischen Limes: Der Grenzwall verlief mitten durch die mittelfränkische Stadt, was heute der in Stein gemeißelte Schriftzug „LIMES" im Pflaster des Marktplatzes unterstreicht. Ein Übergang über die Altmühl war vermutlich der Grund dafür, weshalb das heutige Gunzenhausen für die Römer strategische Bedeutung besaß. Wohl unter Kaiser Trajan hat das Imperium Romanum (um 100/110) seine Reichsgrenze auch auf die Fränkische Alb vorgeschoben. Kaiser Antoninus Pius ließ den Grenzwall der Provinz Raetien zwischen den Kastellen Schirenhof im Ostalbkreis und Hienheim an der Donau um 155/160 n. Chr. vollenden. Damals entstand wohl auch das Kastell in Gunzenhausen, an das eine Steintafel in einer Mauer am Kirchenplatz erinnert.

Das Kastell war vermutlich der Standort einer namentlich nicht bekannten Grenzschutzabteilung. Sie bestand vielleicht aus einer 100 bis 200 Mann starken Einheit (einem numerus) einer Hilfstruppe, die

Ein Schriftzug im Straßenpflaster am Gunzenhausener Marktplatz zeigt, dass der Limes durch den heutigen Stadtkern verlief.

wohl dem größeren Kastell in Gnotzheim oder auch in Theilenhofen unterstellt war. Solche numeri aus einheimischen, nichtrömischen Bewaffneten waren von den Römern vermutlich dort gebildet und besoldet worden, als der Limes um das Jahr 100 auf die Frankenalb vorverlegt worden war, um das bald dicht mit Gutshöfen besiedelte fruchtbare Hinterland der Grenze bis zur Donau zu schützen. Als der Limes in den Zeiten der Reichskrise (ausgelöst durch massive innenpolitische Konflikte und starken wirtschaftlichen Niedergang) nicht mehr gehalten werden konnte, wurde auch das Numerus(?)kastell an der Altmühl zerstört. Dieses Militärlager wurde Gunzenhausens komplett überbaute Keimzelle. Die bis Ende des 15. Jahrhunderts errichtete spätgotische evangelische Stadtkirche St. Marien steht über den Fundamenten eines romanischen Vorgängerbaus, der auf dem Kastellgelände entstanden war. Im Zentrum von Gunzenhausen ist deshalb von der römischen Vergangenheit kaum etwas zu sehen.

Ertragreicher verläuft eine Spurensuche entlang des Limes. Auf die Mauerreste des Wachturms WP 13/45 und eines kleineren Turms ohne eigene Nummer stößt man westlich der Altstadt im Filchenharder Wald im Gunzenhausener Stadtteil Filchenhard. Dicht an dicht liegen römische Relikte auf dem Schlossbuck, einer bewaldeten Anhöhe östlich des Stadtkerns – vier Turmstellen, Spuren eines Kleinkastells und auch der nördlichste Punkt am Raetischen Limes.

Das Bismarckdenkmal auf dem höchsten Punkt des Schlossbucks wurde unter anderem aus Steinen des Limes errichtet. Die Fundamente eines römischen Wachturms liegen dort in Sichtweite.

Diese Spurensuche im Burgstallwald beginnt man am sinnvollsten am östlichsten Abschnitt der Frickenfelder Straße: Von dort führt ein Weg zum 1901 errichteten Bismarckdenkmal hinauf. Die Bronzeplakette am Denkmal verrät, dass diese Pyramide „aus den hier ausgegrabenen Steinblöcken einer alamannischen RINGMAUER und aus den Steinen der RÖMERMAUER [des Limes]" erbaut wurde. Beim Blick auf das runde bronzene Porträtrelief des Reichskanzlers Otto von Bismarck am Denkmal sieht man bereits die nur wenige Schritte davon entfernten Fundamente eines teilaufgemauerten römischen Wachturms (WP 14/4). Neben diesem Mauerrechteck hat man eine Palisadenwand aus angespitzten Eichenpfählen errichtet, um zu vermitteln, wie die Grenzbefestigung um das Jahr 200 aussah. Die 106 Kilometer lange Palisadenwand am Raetischen Limes wurde wohl ab 207 unter Septimius Severus (Kaiser von 193 bis 211) durch die aus Steinen errichtete Raetische Mauer ersetzt.

Reste solcher Limespalisaden aus Eichenpfählen aus der Zeit um das Jahr 160 hat man in Gunzenhausen auf dem Marktplatz und in den Altmühlwiesen ergraben. Wie der gemauerte Limes ausgesehen hat, wurde 1897 bei Grabungsarbeiten der Reichs-Limeskommission am Westhang des Schlossbucks erforscht. Die ungefähr 1,2 Meter breite Mauer war nur etwas mehr als zweieinhalb bis drei Meter hoch

Bei den Mauerresten des Turms auf dem Vorderen Schlossbuck hat man eine Palisadenwand aus Eichenstämmen rekonstruiert. Die Holzbauphase am Limes endete erst kurz nach dem Jahr 200.

gewesen. Hinter der Mauer gab es keinen Wehrgang, und vor der Mauer lag kein Graben: Diese Bauweise ließ erkennen, dass der Limes nicht der militärischen Verteidigung dienen sollte. Er war lediglich die Demarkationslinie, die den überwachten und regulierten Grenzverkehr mit dem freien Germanien sichern sollte. Die Mauern der Turmstelle WP 14/4 belegen mit Seitenlängen von viereinhalb auf knapp sechseinhalb Meter einen der größten Wachtürme am Raetischen Limes. Eine Besonderheit am Fundament ist die dort sichtbare Zwischenmauer, wohl das Relikt eines Grenzübergangs am Limes.

Nur ungefähr 150 Meter weiter östlich finden sich die Fundamente der nächsten Turmstelle (WP 14/5). Dort wurde ein steinerner Turm offenbar nachträglich in die Limesmauer eingefügt. Folgt man dem Trampelpfad auf dem Kamm der Anhöhe etwa einen weiteren halben Kilometer lang, erreicht man auf dem Hinteren Schlossbuck die Relikte der Turmstelle WP 14/6. Kurz vor dieser Stelle kommt man an den Spuren eines Kleinkastells vorbei: Eine schlichte Gedenkstele verweist mit ihrer Inschrift „CASTRUM ROMANUM" auf das einstige Militärlager. Als eine Folge der Markomannenkriege in der Zeit von 166 bis 180 wurde hier ein hölzerner Wachturm durch ein kleines Steinkastell mit den Außenmaßen von 20 mal 20 Metern ersetzt. 70 Meter östlich dieses Kleinkastells entfernt liegt die Turmstelle

Die Turmstelle 14/5 auf dem Vorderen Schlossbuck wurde nachträglich in die Limesmauer eingefügt. Dort lagen vier Wachposten nur wenige hundert Meter voneinander entfernt.

WP 14/6. Dort sind nur rudimentäre Mauerreste eines Wachturms an einem Schuttwall der Limesmauer auszumachen. Die Umfassung dieses Turms misst knapp fünfeinhalb mal viereinhalb Meter. Unweit dieser Stelle verweist ein „Denkmal" direkt neben dem

Eine schlichte Steinstele auf dem Hinteren Schlossbuck hoch über Gunzenhausen erinnert mit ihrer Inschrift an ein römisches Kleinkastell und an zwei nahe gelegene Turmstellen.

Ein etwas rustikal gestaltetes „Denkmal" zeigt den nördlichsten Punkt des Raetischen Limes an. Im Archäologischen Museum in Gunzenhausen sieht man eine Statuette des Gottes Merkur.

Trampelpfad darauf, dass man sich hier am nördlichsten Punkt des Raetischen Limes aufhält. Nur wenige Schritte weiter westlich liegt ein Hügel, auf dem sich vor der Errichtung eines steineren Wachturms bereits ein hölzerner Limesturm befunden hatte. Die Relikte des Grenzwalls auf dem Schlossbuck sind seit 2005 Objekte des UNESCO-Welterbes. Im Stadtgebiet von Gunzenhausen sind noch weitere Turmstellen ergraben worden, die nicht mehr sichtbar sind.

Im Museum: Steine eines Mithrasheiligtums

Zu besichtigen sind hingegen Römerfunde im Archäologischen Museum (Faulstich-Haus, Brunnenstraße 1). Zwei dem unbesiegten Sonnengott (Sol invictus) geweihte Altarsteine eines wohl um 150 eingerichteten Mithrasheiligtums kamen beim gut zehn Kilometer entfernten Dorf Wachstein (einem Ortsteil von Theilenhofen) 1939 zutage. Dort erinnert ein Gedenkstein im Dorfzentrum an den Fund.

Bei einer (nicht mehr sichtbaren) Turmstelle auf dem Gundelshalmer Buck fand man die Statuette des Gottes Merkur. Dieser Fund könnte mit dem Grenzübergang am Limes zusammenhängen. Im Museum sieht man außerdem Funde aus dem Kastell in Gunzenhausen sowie aus den nahen Kastellen Gnotzheim, Munningen und Theilenhofen.

Der Blick auf die Nordwestecke der teilrekonstruierten Prätorialfront des Limeskastells Sablonetum hoch über Ellingen. Diese Relikte eines Militärlagers gehören zum UNESCO-Welterbe.

Das Limeskastell über Ellingen erinnert an Kaiser Commodus

Zu den Relikten des römischen Kastells Sablonetum gehört nicht zuletzt eine denkwürdige Bauinschrift

Die Relikte des römischen Kastells Sablonetum bei Ellingen sind aus mehreren Gründen höchst bemerkenswert. Zum Ersten gehört auch dieses Militärlager zum UNESCO-Welterbe „Grenzen des Römischen Reiches: Obergermanisch-Raetischer Limes". Zum Zweiten ist wegen der hier ausgeführten Rekonstruktionen auch für interessierte Laien relativ vieles nachvollziehbar. Und zum Dritten erinnert eine denkwürdige Bauinschrift an einen der „Bauherren" dieses Militärlagers, an den im Jahr 192 ermordeten Kaiser Commodus. Er herrschte als Nachfolger von Kaiser Marc Aurel (Marcus Aurelius) ab 180 in Rom.

Ein erstes Holz-Erde-Kastell im Gebiet der heutigen Stadt Ellingen wurde wohl um 121/122 errichtet. In dieser Zeit inspizierte Hadrian (Kaiser von 117 bis 138) die Provinz Raetien. Den Limes ließ er damals wohl weiter nach Norden verlegen. Sein Nachfolger Antoninus Pius ließ die Raetische Mauer zwischen den Kastellen Schirenhof und Eining vollenden. Doch erst unter Commodus – römischer Kaiser

Die Aufmauerung des Doppeltors in der Wehrmauer des Kastells Sablonetum lässt erkennen, dass die zentrale Lagerstraße in Nord-Süd-Richtung angelegt war.

von 180 bis 192 – wurde das Kastell Sablonetum um das Jahr 182 in Steinbauweise errichtet. Damals entstand auch die Bauinschrift, die den „Imperator Caesar Marcus Aurelius Commodus Antoninus Augustus, dem Germanenbesieger und größten Sarmatenbesieger", gewidmet war. Das Original der Bauinschrift ist im RömerMuseum in Weißenburg zu sehen. Ein Abguss dieses Steins ist am Rand des Feldwegs aufgestellt, der von der Höttinger Straße aus zum Kastell führt. Dieses schon von Weitem sichtbare, weil auf einer Anhöhe errichtete Kastell liegt einen guten halben Kilometer östlich der letzten Häuser von Ellingen an der Straße in Richtung Höttingen.

Das römische Kastell Sablonetum wurde knapp zwei Kilometer südlich des Limes erbaut. Das Militärlager lag nur etwa vier Kilometer nördlich des großen Militärstützpunkts Biriciana (Weißenburg).
Die Bauinschrift des Kastells Sablonetum ist aus zwei Gründen von besonderem Interesse. Zum einen wurde der Name des Commodus aus dieser Inschrift herausgemeißelt, weil er nach seinem gewaltsamen Tod im Jahr 192 geächtet wurde und als Staatsfeind der Verdammung seines Andenkens, der Damnatio memoriae, verfiel. Zum anderen weist der Name Ellingen zwar auf eine Juthungensiedlung hin, doch da das Kastell als Keimzelle des späteren Ellingen gilt, darf die Bauinschrift auch als „Gründungsurkunde" gelten. (Wenn also

Der Name des Imperators Caesar Marcus Aurelius Commodus Antoninus Augustus, des Siegers über die Germanen sowie der Sarmaten, stand ursprünglich auf der Ellinger Bauinschrift. Doch später wurde der Name des Commodus dort herausgemeißelt.

Regensburg heute damit wirbt, die einzige Stadt in Bayern zu sein, die ihr Alter mit einer originalen Gründungsinschrift belegen kann, wird dies durch Ellingen widerlegt.) Beim Kastell Sablonetum lag ein Lagerdorf: Von diesem vicus ist im Gelände nichts zu sehen.

Das Areal des Kastells hoch über Ellingen ist frei zugänglich. Das als Rechteck angelegte Militärlager dehnte sich auf einer Fläche von ungefähr 75 mal 87 Metern aus. Fundamente der Kastellmauer in West-Ost-Richtung deuten diese Ausdehnung an. Zwei Turmstümpfe des nördlichen Lagertors lassen erahnen, dass die zentrale Straße des Kastells – die via praetoria – in Nord-Süd-Richtung angelegt war. Bis heute hinterlässt die teilrekonstruierte Nordwestecke, eine hohe Mauer mit abgerundeten Ecken, einen wehrhaften Eindruck. Vor der Mauer ist eine Vertiefung auszumachen, die den rund fünf Meter breiten Spitzgraben erahnen lässt. Die durch eine Erdrampe verstärkte Wehrmauer der Nordwestecke ist über Stufen zugänglich. Aus diesem Kastell zogen die Römer wahrscheinlich geordnet ab, als sie den Limes aufgaben. Es wurde wohl unzerstört verlassen: Brandspuren hat man hier nicht ergraben. Am nahen Rand einer Straße zwischen Höttingen und Fiegenstall erinnert einer der unter König Maximilian II. Joseph aufgestellten Gedenksteine an den Limes.

Frierende Soldaten am Limes

Männer aus dem Hinterland schützten die Grenze

Die genagelten Sohlen, die man zum Beispiel in einer Vitrine im Archäologischen Museum Königsbrunn entdeckt, legen nahe, dass römische Marschstiefel Folterinstrumente gewesen sein könnten. Experimente in jüngerer Zeit haben freilich ergeben, dass es sich in solchem Schuhwerk bequem gehen ließ. Die Zusammensetzung und Ausrüstung der römischen Truppen sind gut erforscht: Mit den stolzen Legionären aus Sandalenfilmen wie „Ben Hur" oder „Gladiator" hatten die Soldaten am Limes jedenfalls nicht viel gemein. Da sie überdies dem rauen Klima im Norden trotzen mussten, übernahmen die Soldaten Roms an der Nordgrenze am Ende von Kelten und Germanen die in Italien unbekannte Hose. Sogar wärmende Unterhosen und Socken wurden hier getragen. Dabei waren Roms Grenzschützer das Frieren eigentlich gewohnt: Denn ihre Aufgabe wurde (ehe die Dritte Italische Legion im Jahr 179 das Castra Regina bezog) zumeist von Soldaten erfüllt, die aus der Provinz hinter dem Grenzwall rekrutiert worden waren. Anfangs waren zwar wehrfähige junge Männer aus weit entfernten Provinzen zwangsverpflichtet worden, doch bald warb man Einheimische aus dem Hinterland des Limes für den Dienst an der Grenze an.

Sie lockte – bei ehrenvoller Entlassung nach 25 Jahren – die Auszahlung ihres in der Truppenkasse angesparten Soldes und die Aussicht auf das römische Bürgerrecht für sich und ihre Nachkommen. Trotz ihrer gefahrvollen Aufgabe, die Provinzgrenze zu verteidigen, blieben diese Soldaten also bis zur Entlassung Nichtrömer und darum (im Vergleich zu den Legionären, die in den Eliteeinheiten dienten) schlechter besoldete Militärs zweiter Klasse. Dabei stellten allein einheimische Hilfstruppen (auxilia) die gesamte Reiterei der römischen Armee. Im Rang noch eine Stufe unter diesen Hilfstruppen standen die 100 bis 200 Mann starken Wach- und Spähtrupps (numeri), die fest am Limes stationiert waren. Eines war all diesen Soldaten gemein: Ihre Waffen und ihre Ausrüstung waren ihr Eigentum, zumeist hergestellt von (privaten) Handwerkern in den Lagerdörfern.

Das Ende des 1. Jahrhunderts errichtete Reiterkastell Biriciana war die Keimzelle der heutigen Stadt Weißenburg. Die weite Freifläche, Mauerreste des Kastells, ein rekonstruiertes Tor, Stelen mit Silhouetten römischer Soldaten sowie Informationstafeln erinnern neben den Thermen an dieses Militärlager, das nah am Limes lag.

Das Kastell Biriciana, römische Thermen und ein Römermuseum

Römisches Erbe und UNESCO-Welterbe – die antike Epoche prägt die Römerstadt Weißenburg bis heute

„Einer der interessantesten Orte aus der römischen Zeit in Bayern", so urteilt die Website www.rom-in-deutschland.de über Weißenburgs römisches Erbe. Mit seinen Relikten eines Reiterkastells, den Thermen, dem RömerMuseum – einem Zweigmuseum der Archäologischen Staatssammlung – und nicht zuletzt mit dem Bayerischen Limes-Informationszentrum bietet die ohnehin sehenswerte mittelfränkische Stadt „Römer satt". Noch immer – wie etwa im Herbst 2020 – finden Archäologen hier teils nur wenige Zentimeter unter der Humusschicht die Fundamente antiker Steingebäude.

Das heutige Weißenburg wurde für die Römer zu einem wichtigen militärischen Standort, als die Reichsgrenze um das Jahr 100 von der Donau nordwärts und damit auch bis zur südlichen Fränkischen Alb vorverlegt und durch eine Kette von Kastellen gesichert wurde. Im

Der Blick auf das rekonstruierte Nordtor des Kastells Biriciana. Das Reiterkastell war Mitte des 2. Jahrhunderts mit steinernen Bauten erneuert worden. Relikte der antiken Gebäude sind auf dem weitläufigen Areal zu besichtigen.

Zuge dieser Grenzverlagerung entstand – zuerst nur als Holz-Erde-Kastell – etwa fünf Kilometer südlich vom neu gezogenen Limes entfernt das Kastell Biriciana. Es war ein sogenanntes Alenkastell, der Stützpunkt einer Reitereinheit mit etwa 500 Soldaten. Neben einem unter Kaiser Antoninus Pius erbauten Kastell im heutigen Aalen war es der wohl bedeutendste Militärstützpunkt der Römer am Grenzwall der Provinz Raetien.

Von 138 bis 161 regierte in Rom Antoninus Pius in einer von äußeren Bedrohungen des Reiches weitgehend freien Epoche. Dieser oft als Friedenskaiser bezeichnete Herrscher hatte um das Jahr 160 den raetischen Grenzwall vollenden lassen. Der Limes schützte nunmehr Raetiens Grenze vom Kastell Schirenhof (bei Schwäbisch-Gmünd in Baden-Württemberg) bis zur Donau bei Hienheim (Neustadt an der Donau). Um das Jahr 182 wurde das Kastell im heutigen Weißenburg unter Kaiser Commodus in Stein erneuert. Commodus war der Sohn und (seit 177) Mitregent des Philosophenkaisers Marc Aurel sowie ab März 180 Alleinherrscher. Im Jahr 192 wurde Commodus im Bad mit einem Seil erdrosselt: Die Konkubine des Kaisers soll den Mörder tatkräftig unterstützt haben. Commodus verfiel später der Damnatio memoriae: Auch auf der Bauinschrift des nahen Kastells in Ellingen

Unter dem Zeltdach des Schutzbaus der Weißenburger Therme (Eingang: Am Römerbad) verbergen sich imposante Relikte der im Imperium Romanum ubiquitären Badekultur.

wurde sein Name deshalb herausgemeißelt. Das Original dieses Inschriftensteins wird im RömerMuseum in Weißenburg gezeigt.

Im Schutz des Alenkastells gedieh in der Zeit eine ab 180 ebenfalls in Stein gebaute Zivilsiedlung. Die Blüte der wenige Kilometer süd-

Besucher der Weißenburger Thermen besichtigen die Ausgrabung von Stegen aus: Dies dient dem Schutz der dortigen Mauerreste.

Die Spuren der Warmluftheizung der Therme: Für diesen Komfort wurden jährlich gut 200 Tonnen Holz verheizt. Dies entspricht den schlagreifen Bäumen in einem Waldstück von 100 mal 75 Metern.

lich des Limes gelegenen Siedlung, in der ungefähr 6000 bis 8000 Menschen gelebt haben sollen, war Mitte des 3. Jahrhunderts allerdings vorbei, als die Römer den Grenzwall aufgaben und sich das Römische Reich in Raetien nun wieder auf die Donaugrenze zurückzog. Das mehr als drei Hektar große Kastell Biriciana wurde offenbar in dieser Zeit vom römischen Militär kampflos zurückgelassen. In der Folge sank sicherlich auch die Einwohnerzahl im römischen Weißenburg ebenso rasch wie massiv.

Trotz seiner Ausdehnung, und obwohl die Weißenburger das Kastell Biriciana bis ins Mittelalter als Steinbruch genutzt hatten, ging die Erinnerung an das Kastell nach und nach verloren. Erst im Jahr 1885 wurden seine Mauerreste wiederentdeckt. Archäologische Grabungskampagnen fanden ab dem Jahr 1889 statt. Doch erst 1977 wurden die Weißenburger

Das Nordtor des römischen Reiterkastells Biriciana wurde vollständig rekonstruiert.

Das Weißenburger RömerMuseum stellt einen spektakulären Schatzfund aus. Dieser Bau im Stadtzentrum beherbergt seit dem Jahr 2005 auch das Bayerische Limes-Informationszentrum.

Thermen wiederentdeckt. Später wurden in Weißenburg noch ein weiteres Kastell und eine villa rustica ergraben.

Zweimal wurden die römischen Thermen erneuert – jeweils grösser und luxuriöser

Die Archäologen konnten belegen, dass die westlich des Kastells gelegenen Großen Thermen in drei Bauphasen entstanden sind. Mit dem Bau des ersten Holz-Erde-Kastells um das Jahr 90 war zugleich das erste Bad eingerichtet worden. Um das Jahr 130 wurde diese Anlage erheblich erweitert. Womöglich nach einer teilweisen Zerstörung im Verlauf der Markomannenkriege in der Zeit nach 166 entstand in einer dritten Phase um das Jahr 180 eine luxuriösere Badeanlage. Mit einer Grundfläche von 65 mal 42,5 Metern wurden die Thermen außerdem sehr viel größer als zuvor errichtet. Nach der Mitte des 3. Jahrhunderts wurden die Großen Thermen erneut zerstört. Danach scheinen nur noch einige Räume dieser Anlage (allerdings zweckentfremdet) genutzt worden zu sein.

Bis zum Jahr 1983 wurde über den wiederentdeckten Mauerresten der Großen Thermen ein Schutzbau mit einem Zeltdach errichtet. Die Mauerreste der Therme hat man bis 1985 vollständig restauriert.

Artefakte wie diese Prunkmasken gehören zu den Glanzlichtern der Ausstellung im Weißenburger RömerMuseum.

Über den Relikten der Großen Therme läuft man auf Stegen durch den Schutzbau. Ein Baumodell der Therme und Beschilderungen an den Stationen informieren zu dieser weitläufigen Badeanlage.

Der Weissenburger Schatzfund – ein archäologischer Glücksfall im Spargelbeet

1979 machte ein Weißenburger Schatzfund Schlagzeilen: Als ein Hobbygärtner unweit der Therme ein Spargelbeet anlegen wollte, stieß er auf Metall. Als der Zufallsfund geborgen wurde, kamen insgesamt 114 Objekte – darunter auch 17 Götterfiguren aus Bronze – ans Tageslicht. Der Hortfund bestand aus den unterschiedlichsten Gegenständen: Neben Statuetten und Votivtafeln, Gefäßen und Ausrüstungsteilen von Soldaten – etwa einem Helm – fand man Werkzeug und Metallschrott. Man nimmt deshalb an, dass ein Plünderer in den Wirren der Alamanneneinfälle ein Versteck gegraben hatte, das er am Ende nicht mehr räumen konnte. Heute steht der Schatzfund im Zentrum der Ausstellung im RömerMuseum, das 1983 als Zweigmuseum der Archäologischen Staatssammlung in München am Weißenburger Martin-Luther-Platz eröffnet wurde. Als der Obergermanisch-Raetische Limes im Jahr 2005 UNESCO-Welterbe geworden war, bot es sich an, im Erdgeschoss dieses Museums das Bayerische Limes-Informationszentrum zu installieren.

Mit einem Torbau beginnt der Römererlebnispfad Burgsalach: Diese Station deutet die Grenze zwischen der Provinz Raetien und dem Barbaricum, dem Gebiet des freien Germanien, an.

Burgsalach: zum rätselhaften „Burgus in der Harlach“

Der Weg über einen Römererlebnispfad führt zu einem Limesturm und viel diskutierten Mauerresten

Eine der auch für einen breiteren Besucherkreis interessanteren Römerstätten am UNESCO-Welterbe Limes und „Römer satt“ findet man im Dörfchen Burgsalach. Diese mittelfränkische Gemeinde führt sogar einen silbernen Limeswachturm mit goldenem Dach und Umgang im Ortswappen. Und den Tourismus auf den Spuren der Römer kennt man hier seit mehr als 150 Jahren. Denn dieser Ort trägt den burgus im Namen, bei dessen Mauerresten der geschichtsbegeisterte bayerische König Maximilian II. Joseph eine Gedenkstele – einen der vielen „Maxlsteine“ am Limes – aufstellen ließ. Die Relikte des durch das Gemeindegebiet verlaufenden Teilstücks des Obergermanisch-Raetischen Limes und der burgus von Burgsalach sind seit 2005 Teil des UNESCO-Welterbes. Das war wohl der Auslöser dafür, dass südlich dieses Dorfes bis 2013 der Römererlebnispfad Burgsalach entstand. Zwischen dem Kastell in Weißenburg und dem Startpunkt dieses Römerpfads an der Burgusstraße liegen zehn Kilometer Luftlinie, über die Straße sind es drei Kilometer mehr.

Nach wenigen hundert Metern stößt man auf dem Erlebnispfad auf aufgemauerte Fundamente eines Limeswachturms und auf den Nachbau eines Wachturms in Holzbauweise.

Den Beginn des Römererlebnispfads Burgsalach markiert neben den aus Cortenstahl geschnittenen Silhouetten zweier Römerinnen ein Torbau. Die Seitenwände dieses „Tors" sind östlich mit der Bezeichnung „RAETIA" – für die römische Provinz Raetien – und westlich mit „BARBARICUM" beschriftet. Das Barbaricum war die römische Bezeichnung für das freie Germanien, das Gebiet der – aus Sicht der kulturell höher entwickelten Römer – „Barbaren" nördlich des Limes.

Man geht danach 200 Meter am Waldrand entlang, bis man auf die ersten Stationen des Römererlebnispfads stößt. Eine Beschilderung am ersten dieser Punkte, dem aufgemauerten Fundament eines römischen Wachturms, weist auf ein erhebliches Problem bei der Sichtbarmachung römischer Denkmäler hin. Denn ohne Nachbauten und Rekonstruktionen wären antike Bauwerke für die Öffentlichkeit kaum zu vermitteln. Im 19. Jahrhundert war allerdings häufig recht willkürlich rekonstruiert worden. (Später gab so mancher dieser teils spekulativen Rekonstruktionsversuche den Archäologen Rätsel auf.) In Sichtweite dieser ersten Station steht der (in diesem Fall eindeutig nichtrömische) Nachbau eines hölzernen Limeswachturms.

Rätsel gibt auch ein burgus bei Burgsalach auf, der auf diesem Erlebnispfad etwa einen Kilometer vom Startpunkt entfernt zu Fuß zu

Am Rand des Erlebnispfads stehen neben Erlebnisstationen auch einige aus Cortenstahl gefertigte Silhouetten römischer Soldaten.

erreichen ist. Der „Burgus in der Harlach" kann jedoch auch direkt über eine Straße angesteuert werden. Der Weg dorthin führt vorbei an aus Cortenstahl geschnittenen Silhouetten römischer Soldaten – an einem Reiter mit Speer, Schild und Helm, an einem Fußsoldaten mit Speer und Schild oder auch an einem Bogenschützen.

Der in einem Waldstück gelegene burgus ist von einer Aussichtskanzel am Rand der Mauerreste aus zu besichtigen. Das Kleinkastell mit Seitenlängen von ungefähr 33 auf 33 Meter wurde mit einem für die römischen Provinzen im Nordwesten des Imperiums einzigartigen Grundriss errichtet. Die Räume waren um einen zentralen Innenhof gruppiert, der hinter einem vorgelagerten halbkreisförmigen Torhof lag. Ähnliche, dort allerdings erheblich kleinere Anlagen, sind auch als militärische Bauten im römischen Nordafrika bekannt. Der „Burgus in der Harlach" wird aus diesem Grund mit einer degradierten Legion in Verbindung gebracht, die nach 238 n. Chr. aus dem heutigen Algerien an den Raetischen Limes strafversetzt wurde. Weil aber die Architektur des burgus Elemente aufweist, die auch bei zivilen Bauten zu finden waren, diskutiert die Fachwelt darüber, ob es sich bei diesen Mauerresten um die Relikte eines Gasthauses – einer mansio – handeln könnte. Die Mauern waren 1916/1917 noch mehr als drei Meter hoch gewesen, doch sie wurden seit dieser Zeit durch Substanzverluste sukzessive reduziert.

Der Blick auf Mauerreste des „Burgus in der Harlach". Dieser Bau mit dem für Raetien einzigartigen Grundriss hat womöglich strafversetzte Soldaten einer Legion aus Nordafrika beherbergt.

Die Deutsche Limes-Kommission geht allerdings davon aus, dass ein Kleinkastell, das ungefähr hundert Mann Platz geboten hätte, die wahrscheinlichste Nutzung gewesen sein dürfte (nachzulesen unter www.deutsche-limeskommission.de). Erbaut wurde der „Burgus in der Harlach" vermutlich zwischen der Mitte des 2. und der Mitte des 3. Jahrhunderts n. Chr.

Auf der heute eingezäunten Fläche des burgus bei Burgsalach ließ der bayerische König Maximilian II. Joseph im Jahr 1861 eine jener Gedenkstelen aufstellen, die später „Maxlsteine" genannt wurden. Die Inschrift auf dieser schlichten Steinsäule nennt freilich den Platz, an dem sie steht, nach dem damaligen Wissensstand irrtümlich „Colonia".

Auf der eingezäunten Fläche um die Mauern des „Burgus in der Harlach" steht ein unter König Maximilian II. Joseph 1861 errichteter Gedenkstein.

Am Raetischen Limes im Altmühltal

Römische Gutshöfe und Relikte des Limes – das teilweise rekonstruierte Kastell Vetoniana in Pfünz, ein hölzerner Limeswachturm in Kipfenberg und ein aus Stein errichteter Turm in Erkertshofen – vermitteln die Geschichte der Römer im Altmühltal. Am Schuttwall der Raetischen Mauer stehen „königliche" Gedenksteine für die Anfänge der Erinnerungskultur im 19. Jahrhundert.

Am Hang des Nagelberges bei Treuchtlingen sind rekonstruierte Mauerreste des Haupthauses einer villa rustica zu besichtigen.

Ein römischer Gutshof am südlichen Hang des Nagelberges

Die villa rustica in Treuchtlingen fiel wohl einem Überfall der Alamannen im 3. Jahrhundert zum Opfer

An die römischen Bewohner des heutigen Treuchtlingen erinnern die Mauerreste des Haupthauses eines Gutshofs. Diese villa rustica in Weinbergshof – am Südhang des Nagelberges – wurde in den 1980er Jahren freigelegt. Der dortige römische Bauernhof wurde wohl in den ersten Jahrzehnten des 2. Jahrhunderts erbaut, nachdem der Limes nach Norden hin vorverlegt worden war. Im Hinterland des schützenden Grenzwalls siedelten sich in der Folge zahlreiche römische Bauern an. Die Treuchtlinger villa rustica wurde (womöglich im 3. Jahrhundert) bei einem der Raubzüge der

Vom Aussichtspunkt über der villa rustica auf dem Nagelberg hat man eine weite Aussicht über Treuchtlingen und das angrenzende Altmühltal.

Säulen auf rekonstruierten Mauern des Haupthauses der villa rustica lassen die einstige Portikusfront des Gebäudes erahnen.

Alamannen am nahen Limes zerstört. Am Treuchtlinger Nagelberg erkennt man noch die vier mal 34 Meter umfassenden restaurierten Mauerreste eines Wohnhauses mit der üblichen Portikusfront.

Was man vor Ort nicht erkennen kann: Luftbildbefunde haben belegt, dass sich hier weitere Gebäude um das Haupthaus der villa rustica gruppiert hatten. Nachgewiesen wurde auch das obligatorische, bei diesem Gutshof jedoch eher kleinere römische Badehaus.

Im Museum Treuchtlingen stösst man auf die Funde aus der villa rustica

Bei der villa rustica auf dem Nagelberg wurden zahlreiche Funde ergraben. Diese römerzeitlichen Exponate sieht man im Museum Treuchtlingen. Unter den Funden war unter anderem das Fragment eines bronzenen und vergoldeten Torques: Diese großen offenen Ringe wurden als militärische Auszeichnung verliehen und von den Soldaten am ledernen Brustgeschirr über der Rüstung getragen. Im Museum sieht man auch den Hinterhaupthelm einer Paraderüstung, ein Goldkettchen mit Amethysten sowie diverse Kleinfunde von Kettenfragmenten und Riemenbeschlägen bis hin zu Manschetten, Ringen, Münzen, Schreibgriffeln und Spielsteinen: Diese Exponate sind Dauerleihgaben des Germanischen Nationalmuseums Nürnberg.

Das anrührende Grabmal eines römischen Ehepaars wurde in die Wand eines Hauses im Weiler Siebeneichhöfe eingemauert.

Das Grabmal eines Ehepaars in der Wand eines Bauernhauses

Im abgeschiedenen Weiler Siebeneichhöfe entdeckt man eine römische Spolie aus dem 2. Jahrhundert

Viereinhalb Kilometer südwestlich des Treuchtlinger Stadtteils Möhren liegt der ebenfalls zu dieser mittelfränkischen Stadt gehörige Weiler Siebeneichhöfe. Schon von der Landstraße aus ist dort ein in die Fassade eines Bauernhauses eingemauerter römischer Grabstein (wohl 2. Jahrhundert) zu sehen. Sein fast vollplastisches Relief stellt ein eng beieinander sitzendes Ehepaar dar. Der Mann legt seinen rechten Arm um die Schultern seiner Frau, sie legt ihre Hand auf sein rechtes Knie. Sehr viel abgeschiedener als in dieser stillen Einöde auf einer Waldlichtung auf der südlichen Frankenalb kann man kaum leben. Und doch zog in römischer Zeit wohl relativ reger Verkehr an diesem Ort vorbei: In seiner Abhandlung „Der Ober-Donau-Kreis des Königreichs Bayern unter den Römern" hat der 1853 in Augsburg verstorbene Historiker Johann Nepomuck Franz Anton von Raiser 1831 diese Verkehrsanbindung beschrieben: „von Auernheim zog eine Römer-Straße am Sieben-Eichhof und Uhlberg vorbei, über den von einer via diversoria den Namen führenden Ort Zwerch-Straß, und dann über Otting nach Flozheim und Itzing".

Die rekonstruierte villa rustica in Möckenlohe steht neben einem Aussiedlerhof. Das Hauptgebäude eines römischen Gutshofs war im 2. oder 3. Jahrhundert an dieser Stelle errichtet worden.

Die villa rustica in Möckenlohe: Haustierrassen römischer Bauern

Bei einem rekonstruierten Bauernhof zeigt ein Haustierpark die Nutztierrassen der römischen Siedler

Was die Römer an Raetien abseits militärischer Überlegungen auch wirtschaftlich interessierte, waren neben den Erzvorkommen insbesondere zur Ansiedlung von Bauern geeignete Böden. Den fruchtbaren östlichen Raum hinter der Grenze sicherte Kaiser Trajan (oder wenig später sein Nachfolger Hadrian) durch den Bau von neuen Truppenstützpunkten zwischen Ruffenhofen und Pförring. Um 180 ersetzten (unter Marc Aurel oder Commodus) Wachtürme aus Stein die bisherigen Holztürme. Angesichts der so ausgebauten Grenze fühlte man sich Ende des 2. oder Anfang des 3. Jahrhunderts sicher genug, um beim heutigen Möckenlohe einen Bauernhof anzulegen. Doch dieser Gutshof wurde wohl Mitte des 3. Jahrhunderts niedergebrannt. Die Fundamente des Hauptgebäudes hat man bis 1989 ergraben. Bis 1993 wurde dieser Bau rekonstruiert. Der dortige Haustierpark hält Fjordpferde, langhornige Rinder, Schwarznasenschafe, Walliser Schwarzhalsziegen und auch Hühner – alles Nutztierrassen, die bereits von den römischen Bauern gezüchtet wurden.

Bei Erkertshofen hat man einen jener steinernen Limeswachttürme rekonstruiert, die um 180 die hölzernen Türme abgelöst hatten.

In Erkertshofen steht ein steinerner Wachturm am Limes

Der Turm ist deutschlandweit der einzige Nachbau aus Stein – sein Vorbild lieferte die Trajansäule in Rom

Als der Limes von der Donau auf die Schwäbische und Fränkische Alb vorgeschoben worden war, war die Grenze des Weltreiches bloß eine Schneise in den Wäldern gewesen. Entlang von Patrouillenwegen standen in Raetien zunächst – jeweils in Sichtweite – hölzerne Wachtürme. Erst um 180 – in der Regierungszeit des Kaisers Marc Aurel oder in der seines Sohnes Commodus – ersetzten gemauerte Türme die hölzernen Vorgänger. Fundamente steinerner Turmstellen sind am Limes etliche zu finden. Doch der 1992 errichtete dreigeschossige Limesturm in Erkertshofen ist deutschlandweit der einzige Nachbau eines steinernen Wachturms. (Sein architektonisches Vorbild liefert das Relief eines Limesturms auf der Trajansäule in Rom.)

Nur rund 350 Meter weiter östlich liegt eine originale Turmstelle (WP 14/64). An die Grenze, von der hier außer dem steinernen Turm nichts sichtbar ist, erinnert 500 Meter weiter östlich am Waldrand an der Straße nach Herlingshard zudem einer jener Gedenksteine, die König Maximilian II. Joseph von Bayern am Limes aufstellen ließ.

„PFAHLRAIN“ UND „TEUFELSMAUER“

Die „Max-II.-Steine“ am Limes

Gedenkstelen markieren den Verlauf des Grenzwalls

Die Gedenkstele bei Erkertshofen ist einer der „Max-II.-Steine“, die auf Veranlassung des an der Landeshistorie interessierten Königs Maximilian II. Joseph von Bayern im Jahr 1861 entlang des Verlaufs des Raetischen Limes aufgestellt wurden. Die im Volksmund auch „Maxlsteine“ genannten Gedenksäulen sind einheitlich gestaltet und – anders als etwa die Gedenksäule im Wald an der Straße bei Herlingshard – meist an „prominenten“ Orten aufgestellt. Der sicherlich bekannteste dieser Steine ist die Hadriansäule bei Hienheim. In Kipfenberg steht eine Stele im Zentrum des Ortes. Weitere „Maxlsteine“ sind in Petersbuch, Wilburgstetten und Ellingen (beide Mittelfranken) erhalten. Eine Stele in Denkendorf ist eine neuzeitliche Nachbildung. Die Inschriften bezeichnen den Limes als „Teufelsmauer“ und „Pfahlrain“ – Letzteres deswegen, weil das Fundament des Walls bei feuchten Böden auf Pfahlrosten gründete.

Auch im Zentrum von Kipfenberg steht ein „Max-II.-Stein“ – dort vor dem Schriftzug „Zum Limes“ an der Fassade eines ehemaligen Gasthofs.

Auf einem hohen Geländesporn zwischen der Altmühl im Westen und dem Bach Pfünz im Osten steht das rekonstruierte Nordtor des im 3. Jahrhundert zerstörten Kastells Vetoniana.

Das Kastell über der Altmühl ging mit einer Tragödie unter

Das Nordtor und Wehrmauern, Turmfundamente und Wälle zeigen die Dimensionen des Kastells Vetoniana

Was die Archäologen Ende des 19. Jahrhunderts in Pfünz ergruben, deutet auf eine Tragödie hin, mit der die Zeit des Kastells Vetoniana im 3. Jahrhundert zu Ende ging. Außer Brandspuren fand man auch Skelette von Erschlagenen. Eine eiserne Fußkette umschloss noch immer den Unterschenkelknochen eines Gefangenen, den man nicht mehr aus dem Kerker beim Stabsgebäude befreien konnte: Er verbrannte wohl bei lebendigem Leibe. Auch in einem der Häuser des Lagerdorfes fand man verkohlte Knochen eines Bewohners. Trotz aller Funde ist unklar, was letztlich zum Untergang des Kastells über der Altmühl geführt hat. Die Experten rätseln: Hatten Alamannen die Besatzung des Kastells überrascht? Oder ist der Untergang des Kastells und des vicus auf einen der bewaffneten innerrömischen Konflikte in der Phase der Reichskrise zurückzuführen?

Der Anfang war hier ein wohl unter Kaiser Trajan errichtetes Holz-Erde-Kastell. Seinerzeit sollten neue Militärlager zwischen Ruffen-

Die rekonstruierte westliche Flanke der nordwestlichen Mauer, der Westturm und das Nordtor des Kastells in Pfünz – gesehen von einem Parkplatz (Römerstraße) über zwei vorgelagerte Spitzgräben.

hofen und Pförring den fruchtbaren östlichen Raum im Hinterland des vorverlegten Limes sichern. Das steinerne Kastell mit seinen vier Toren auf einer Anhöhe zwischen der westlich fließenden Altmühl und dem östlich gelegenen Bach Pfünz entstand um 140/150 in der

Die beiden Wehrgräben, die das Kastell Vetoniana umgaben, sind noch gut erhalten. Sie wurden der felsigen Anhöhe abgerungen, die sich hier zwischen der Altmühl und dem Pfünzbach erstreckt.

Der Blick über die rekonstruierten Fundamente beim Südtor vermittelt die Dimensionen des beinahe drei Hektar großen Kastells.

Zeit des Kaisers Antoninus Pius. In seiner Regierungszeit wurden am Limes mehrere Holz-Erde-Kastelle durch steinerne Befestigungen ersetzt. Über den in Pfünz ergrabenen Fundamenten hat man von 1992 bis 1994 das von zwei Türmen flankierte Tor sowie die westliche Kastellmauer der imposanten Nordfront vollständig sowie die nordwestliche Kastellmauer und das Westtor teilweise wiederaufgebaut. Das Tor an der Nordseite dieses Kastells war das Haupttor (porta praetoria) des Militärstützpunktes, wo in der Regierungszeit des Kaisers Antoninus Pius eine teilberittene, rund 500 Mann starke Kohorte stationiert war. Die Flankentürme sind für die Besucher des Pfünzer Kastells ebenso zugänglich wie der Wehrgang auf der mit Zinnen besetzten Kastellmauer. An der Außenfront des Kastelltors hat man den Abguss einer Bauinschrift für Kaiser Antoninus Pius eingelassen. Im nordwestlichen Eckturm stößt man auf den Abguss einer Weihinschrift für Sedatus, eine Schutzgottheit vom Balkan.

Die Fundamente des südöstlichen Eckturms und des Südtors wurden jeweils gut sichtbar aufgemauert. Deshalb ist die Weitläufigkeit des 190 Meter langen, fast 150 Meter breiten Areals schon von der Nordfront des Kastells aus (oder auch umgekehrt) auf den ersten Blick gut zu erfassen. Rund zweieinhalb Hektar dieses Geländes werden heute landwirtschaftlich genutzt. Vor den Kastellmauern liegt der überwiegend gut erhaltene doppelte Wehrgraben, den die Römer dem

Vor dem Südtor steht der Abguss eines Meilensteins aus Kösching. Er zeigt die im Vergleich zu Regensburg weit größere Bedeutung der Provinzhauptstadt Augsburg und nennt die Meilen bis Augusta. Für Regensburg führt er nur die dort stationierte Legion auf.

Gestein auf der Anhöhe abringen mussten. Durch das Südtor von Castra Vetoniana führte eine Straße in die Richtung von Nassenfels. An dieser Straße lag das Lagerdorf des Kastells Vetoniana.

Eine Weihinschrift für Sedatus, einen Schutzgott vom Balkan, sieht man im Westturm der Nordfront des Kastells. Im Mauerwerk des Nordtors ist die Bauinschrift für Antoninus Pius eingelassen.

Auf einem Höhenrücken über Kipfenberg steht ein rekonstruierter hölzerner Wachturm – nur ein paar Schritte vom Fundament eines steinernen Wachturms am Limes entfernt.

Kipfenberg: ein Holzturm, ein Museum und ein „Max-II.-Stein“

Hoch über dem Marktort entdeckt man Spuren des Limes und ein Modell des Kastells im nahen Böhming

Mitten im Zentrum von Kipfenberg wird man schon zum ersten Mal an den Limes erinnert: Auf einem kleinen Platz vor der Fassade des ehemaligen Gasthofs „Zum Limes“ steht einer der sogenannten Max-II.-Steine, die der äußerst geschichtsinteressierte bayerische König Maximilian II. Joseph im Jahr 1861 entlang des Grenzverlaufs aufstellen ließ. Hoch über der Ortsmitte steht die Burg Kipfenberg, die heute das Römer und Bajuwaren Museum beherbergt.

Ebenfalls hoch über Kipfenberg – im Wald südlich der Pfahldorfer Straße – steht der Nachbau eines hölzernen Limeswachturms. Auf dem Weg dahin stößt man auf Kunstobjekte am Straßenrand, die auf die Reichsgrenze Roms verweisen. Am steilen Trampelpfad hinauf zum Pfahlbuck weist keine Beschilderung auf diesen Holzturm hin, doch die Suche und jede Anstrengung lohnen sich: Der steile Weg nach oben endet direkt neben einem rekonstruierten Wachturm, der hier gemeinsam mit einer angrenzenden Palisadenwand an die

Auf dem Kipfenberger Pfahlbuck entdeckt man das aufgemauerte Fundament eines Limeswachturms.

Holzbauphase am Limes erinnert. Die aus gespaltenen Eichenstämmen errichtete Palisade wurde am originalen Standort rekonstruiert. Der vom lokalen Tourismusverein errichtete Limeswachturm (Turmstelle WP 14/78) entspricht nicht ganz exakt der römischen Bauweise. Wenige Schritte vom Holzturm entfernt ist auf dieser Anhöhe westlich von Kipfenberg auch das aufgemauerte Fundament eines

Auf dem Pfahlbuck vermitteln einige Meter Palisade auch hier die Bauweise des Limes vor der Errichtung der Raetischen Mauer.

Die Bauinschrift des römischen Kastells im nahen Böhming ist im Kipfenberger Römer und Bajuwaren Museum zu besichtigen.

steinernen Wachturms erhalten. Auf dem Limeswanderweg in Richtung Pfahldorf kommt man zum stark verfallenen Fundament der Turmstelle 14/77. Der Weg dahin führt entlang eines gut sichtbaren Palisadengrabens. Alternativ gelangt man vom Römer und Bajuwaren Museum über den Limeswanderweg vorbei an der kaum erkennbaren Turmstelle 15/3 und an rudimentären Resten des Steinwalls zu einem Markstein, dem geografischen Mittelpunkt Bayerns.

Mitten in Kipfenberg: „römische" Kunstprojekte am Straßenrand.

Bauinschrift ohne den Kaiser

Über römischen Relikten: St. Johannes in Böhming

Die Aussicht vom Limeswachturm auf dem Pfahlbuck reicht bis zum Kipfenberger Ortsteil Böhming. Dort hatten die Römer ein kleineres Grenzkastell errichtet. Ein Baumodell dieses Kastells ist im Römer und Bajuwaren Museum auf Burg Kipfenberg zu besichtigen. Hier sieht man auch den Abguss der Bauinschrift des Kastells, dessen Name nicht überliefert wurde. Das Original befindet sich im Museum für Ur- und Frühgeschichte in Eichstätt. Die Inschrift entstand im Jahr 181 in der Regierungszeit von Kaiser Commodus. Sein Name wurde aus der Inschrift gemeißelt, als er der Damnatio memoriae verfiel. Entstanden war dieses Kastell wohl über Brandresten eines Holz-Erde-Kastells. Mit dem Limes wurde das Kastell in Böhming aufgegeben: Im 12. Jahrhundert entstand dort eine Kirche. Auch in Memmingen (St. Martin), in Kellmünz und in Gunzenhausen wurde ein Limeskastell mit einer Kirche überbaut. Im Hinterland entstand so auch die Kapelle auf dem Lorenzberg in Epfach.

Die Johanneskirche in Böhming wurde über den Mauerresten eines Limeskastells errichtet.

Die Römer an der Iller

Im Oberallgäu und an der Iller findet man Römerstraßen, die Denkmäler von Cambodunum, der ersten Provinzhauptstadt Raetiens im heutigen Kempten, und Relikte eines Kastells der späten Kaiserzeit in Kellmünz.

Ein Denkmal am Jochpass beim Bad Hindelanger Ortsteil Oberjoch erinnert an die Via Decia und an einen römischen Soldatenkaiser.

Führte eine Via Decia über den Jochpass bei Oberjoch?

An der Jochstraße in Bad Hindelang erinnert ein Steindenkmal an einen römischen Weg übers Gebirge

Der Soldatenkaiser Decius regierte das Römische Reich von 249 bis 251, dann wurde er in einer Schlacht der Römer gegen die Goten bei Rasgrad (Nordostbulgarien) erschlagen. An Kaiser Decius erinnert ein Gedenkstein in Form eines Meilensteins am höchsten Punkt des Jochpasses (1178 Meter über dem Meeresspiegel beim Jochpassparkplatz nahe Oberjoch, kurz vor der Grenze zu Österreich). „Via Decia" steht auf diesem Stein, und „249–251 n. Chr. erbaut". Daneben ist das Relief eines römischen Soldaten mit Helm, Schild und Lanze eingemeißelt. Ob es diese Römerstraße überhaupt gegeben hat, die als vor allem vom Militär genutzte Route Tirol mit Brigantium (Bregenz) verbunden haben soll, ist unklar. Schriftquellen zu Soldatenkaisern wie Decius sind rar. Sollte diese Straße existiert haben: Mehr als ein Trampelpfad dürfte die Via Decia am Jochpass kaum gewesen sein. Vielleicht haben schon die Römer im Tal der Ostrach, eines Zuflusses der Iller, und am nahen Grünten Eisenerz abgebaut. 1963 entdeckte man in Augsburg die Grabinschrift eines Großpächters von Ertragsabgaben aus Eisenbergwerken: Sie lagen auch in der Provinz Raetien.

BUCHENBERG

In einem Hohlweg beim Weiler Klamm – einem Gemeindeteil von Buchenberg – haben sich die tief eingegrabenen Radgeleise der Römerstraße zwischen Kempten und Bregenz gut erhalten.

Abschnitt einer Römerstrasse und Mauerreste eines burgus

In Buchenberg erinnern mehrere Stationen an die Verkehrsverbindung zwischen Kempten und Bodensee

Etwa zehn Kilometer südwestlich des Zentrums von Kempten liegt Buchenberg. Durch das Gebiet der heutigen Marktgemeinde verlief die Römerstraße von Kempten (Cambodunum) in Richtung Bregenz (Brigantium) und damit an den Bodensee. Das ist der Grund, warum in mehreren Buchenberger Gemeindeteilen Stationen an diese römische Verkehrsverbindung und deren militärische Sicherung erinnern.

Beim Buchenberger Weiler Klamm sind die tief in den Untergrund eingegrabenen Radgeleise der Römerstraße mehrere hundert Meter lang in einem Hohlweg sichtbar. Dieser Streckenabschnitt liegt nur wenige hundert Meter vom westlichen Ortsrand von Buchenberg entfernt in einem Waldstück oberhalb der Staatsstraße 2055. Kurz vor dem Weiler Klamm führt ein ungefähr fünfminütiger Spaziergang auf einem Waldweg von der Straße bis zu einem kleinen Steg über diesen Hohlweg, von wo aus die Karrenspuren im nackten Fels der römischen Geleisestraße besonders deutlich zu erkennen sind.

Ein Denkmal beim Buchenberger Weiler Kenels erinnert an ein Kleinkastell. In Ahegg beginnt die Suche nach dem nahen burgus bei einer hölzernen Römerstele an der Straße Am Burggraben.

Nur rund zwei Kilometer westlich des Weilers Klamm liegt der Buchenberger Weiler Kenels. Dort erinnert ein Denkmal an einen römischen burgus, der wohl erst gegen Ende des 18. Jahrhunderts völlig abgetragen wurde. Ein burgus – das Wort hatten die Römer aus dem Germanischen übernommen – war ein turmartiges Kleinkastell. Dieser burgus war entstanden, als die Reichsgrenze um 370 unter Kaiser Valentinian I. mit dem Ausbau des Donau-Iller-Limes an den Rhein, die Donau und die wenige Kilometer von Buchenberg entfernte Iller zurückverlegt wurde. Die Inschrift am Denkmal lautet: „Burgus Kenels – Rest eines Viereckturmes mit Doppelgraben am spätrömischen Limes zwischen Cambodunum (Kempten) und Brigantium (Bregenz) Wachturm abgebrochen 1787".

Der burgus von Ahegg

Dass sich an der Illergrenze burgus an burgus reihte, belegen auch archäologische Befunde unter der Buchenberger Herrgottsruhkapelle neben der heutigen Römerstraße: Sie lassen dort den Standort eines römischen Wachturms vermuten. Ein weiterer, an dieser Stelle jedoch gesicherten Standort eines Kleinkastells im Gemeindegebiet von Buchenberg ist der burgus Ahegg. Er liegt dort hoch über den Wasserfällen Ahegg und der angrenzenden Staatsstraße 2376. Die

Überdachte Mauerreste des burgus bei Ahegg: Vom Kleinkastell ist ein quadratisches Mauergeviert von elf Metern Länge erhalten.

rund anderthalb Meter starken Mauern bilden ein quadratisches Geviert von elf auf elf Meter mit einer anderthalb Meter breiten Torlücke an der Nordseite. Im wohl um 370 erbauten burgus waren bis Anfang des 5. Jahrhunderts römische Soldaten stationiert gewesen. Da über römischem Schutt mittelalterliche Relikte gefunden wurden, vermutet man, dass der burgus später zur Burg umfunktioniert wurde.

Eine Gedenktafel beim burgus Ahegg: Das Kleinkastell dürfte wohl nicht um 260, sondern gut hundert Jahre später entstanden sein.

Am der Bundesstraße am Stadtrand von Kempten heißt das vormalige römische Cambodunum seine Besucher in „der ältesten Stadt Deutschlands" willkommen.

Durch den Götterhimmel Roms und zur Wiege der Stadtkultur

In Raetien einzigartig: früheste private Wohnbauten und der Gallorömische Tempelbezirk von Kempten

Fährt man aus Richtung Marktoberdorf auf der B 12 ins Stadtgebiet von Kempten, kommt man nur wenige Augenblicke, nachdem man das Autobahnkreuz auf der A 7 hinter sich gelassen hat, an einer runden steinernen Säule im Straßenbegleitgrün vorbei. In aller Regel fährt man hier zu schnell, um lesen zu können, was auf der (einem römischen Meilenstein nachempfundenen) Säule in versalen Lettern steht: „Willkommen | in | Kempten | Allgäu | Cambodunum" und weiter – unter einem Relief mit dem Stadtwappen – „der ältesten | Stadt | Deutschlands".

Die Inschrift bezieht sich auf den wohl im 3. Jahrzehnt n. Chr. verstorbenen griechischen Geschichtsschreiber und Geografen Strabon, der in seinen „Geographiae libri" bekanntermaßen Orte aufführte, die er niemals gesehen hatte. So beschrieb Strabon „das gleich einer Burg aufragende Damasia, die Stadt der Likatier". (Damit war vielleicht die Handwerkersiedlung auf dem Auerberg gemeint.) Strabon

Am Rand des Kemptener Römerparks – auf dem Weg zum ehemaligen Forum – empfängt der Abguss einer Statue des Kaisers Augustus Besucher unter den Nachbildungen mächtiger Säulen.

beschrieb auch Kambodounon, eine Stadt der keltischen Estionen. Das römische Augsburg erwähnte er hingegen nicht. Da er aber seine Werke an einem Ort nahe der Schwarzmeerküste in der heutigen Türkei verfasst hat, dürfte stellenweise die Fantasie die Fakten überlagert haben. Das von Strabon genannte Kambodounon der Kelten als Vorgänger des römischen Cambodunum ließ sich bislang jedenfalls archäologisch nicht belegen. Darum geht man davon aus, dass die Stadt Cambodunum eine römische Neugründung war. Unabhängig davon ist Kempten die erste Stadt Deutschlands, die schriftlich genannt wurde. Cambodunum war wahrscheinlich die erste Hauptstadt der Provinz Raetien. Wohl spätestens in der Regierungszeit Kaiser Hadrians (von 117 bis 138) wurde die Provinzialverwaltung jedoch nach Augusta Vindelicum und damit von der Iller an den Lech verlagert. Das Verwaltungszentrum der Provinz rückte so näher an die Donau, den Limes, an die Via Claudia als Verbindung mit Italien sowie an die wichtige Straße in die obergermanische Provinzhauptstadt Mogontiacum (Mainz) heran.

Brandspuren belegen eine Zerstörung in der Regierungszeit Kaiser Neros (54 – 69 n. Chr.), eventuell stehen diese in Zusammenhang mit den Bürgerkriegswirren des Vierkaiserjahres 69 n. Chr. In der anschließenden Friedenszeit während der Regierung der flavischen

Der nachgemauerte Grundriss der Basilika im Archäologischen Park Cambodunum, im Zentrum der Römerstadt.

Kaiser Vespasian, Titus und Domitian wurde die Stadt wieder aufgebaut und erlebte ihre Blüte. In Cambodunum gab es wohl keine Gebäude, die ausschließlich militärischen Zwecken dienten. Der Anteil der Soldaten an der Bevölkerung war wohl nicht sonderlich hoch. Kempten war eine Zivilsiedlung, nicht vorrangig ein Militärstandort wie zum Beispiel das als Grenzkastell gegründete Regensburg. Deshalb stellten vermutlich Verwaltungsbeamte, Kaufleute, Handwerker und Angehörige des Priesterstandes die Mehrheit der Einwohner von Cambodunum.

„Die Anfänge der Stadtkultur in Bayern“

Das alles war durch frühere Grabungen seit Langem bekannt. Doch als im Jahr 2022 Studierende der Ludwig-Maximilians-Universität München auf einem Areal beim Forum des Archäologischen Parks Cambodunum Mauerreste eines Wohnhauses mit 800 Quadratmetern Grundfläche freilegten, waren die Archäologen begeistert. Denn erstens handelte es sich um sehr frühe Steinbauten, zweitens waren sie privat bewohnt worden. Zum Wohnkomfort gehörten eine Fußbodenheizung und ein privates Bad. Dieses Wohnhaus war vermutlich kurz nach Christi Geburt entstanden: Türschwellen, Estrichböden und sogar die Überreste von Wandmalereien an den Mauern scheinen zu belegen, dass in Cambodunum die frühesten privaten

Ein Höhepunkt im Römerpark: Ein großer Schutzbau beherbergt die Kleinen Thermen, einst das private Bad des Statthalters.

Steingebäude Süddeutschlands errichtet worden waren, während Römer nördlich der Alpen andernorts noch in aus Holz und Lehm errichteten Gebäuden lebten. Die jüngsten Kemptener Grabungsfunde belegen vermutlich „die Anfänge der Stadtkultur in Bayern" (so Dr. Maike Sieler, die Leiterin der Stadtarchäologie in Kempten und des Archäologischen Parks Cambodunum).

Ob die Alamanneneinfälle über den Limes in den Jahren nach 233 n. Chr. auch Cambodunum erreichten, ist nicht bekannt. Sicher ist, dass gegen Ende des 3. Jahrhunderts n. Chr. eine Verlagerung der Siedlung an den Fuß der Burghalde stattfand. Diese Siedlung wird unter Kaiser Konstantin „dem Großen" oder seinen Söhnen mit einer Wehrmauer umgeben. Spätestens im 4. Jahrhundert wird ein Teil der 3. Italischen Legion aus Regensburg als Grenztruppe im Kastell Cambidano dort stationiert. Unter dem Druck der Raubzüge der verschiedener germanischer Stämme war die Iller zur neuen Grenzlinie im Westen der Provinz Raetien geworden.

Im Archäologischen Park Cambodunum (APC) in Kempten spiegeln sich friedlichere Zeiten wider. Denn die Hauptsehenswürdigkeiten in diesem Römerpark sind ziviler Natur: Ein Schwerpunkt liegt auf dem Gallorömischen Tempelbezirk und der dortigen Dauerausstellung, ein zweiter auf den nahegelegenen Mauerresten eines Teils

Nur ein paar Schritte hinter dem Haupteingang zum Kemptener Römerpark Cambodunum liegt der Gallorömische Tempelbezirk.

des Statthalterpalastes – den Kleinen Thermen – und auf den Relikten des Forums, des Zentrums der römischen Stadt. An dieses Forum erinnert im öffentlich zugänglichen Teil des weitläufigen Römerparks auch der nachgemauerte Grundriss der sogenannten Basilika: Der mächtige Bau diente als Versammlungsort. Dort wurde auch Recht gesprochen.

Die Kleinen Thermen des Statthalters im grossen Schutz- und Ausstellungsbau

Neben dem Forum lag auch der Repräsentationsbau des Statthalters der Provinz Raetien. Bei diesem Palast – dem praetorium – wurden um das Jahr 50 n. Chr. die Kleinen Thermen errichtet. Die nur dem Namen nach kleine Anlage, die in einem mehrere Turnhallen großen Schutz- und Ausstellungsbau zu besichtigen ist, war zunächst das private Bad des Statthalters sowie seiner Vertrauten und Gäste. Die Kleinen Thermen zählen zu den frühesten römischen Badeanlagen nördlich der Alpen. Nachdem aber das Verwaltungszentrum der Provinz nach Augsburg verlegt worden war, diente der Statthalterpalast als Gästehaus, und die Kleinen Thermen wurden jetzt einschließlich der dort nachträglich eingebauten Latrinen öffentlich genutzt. Beinahe in unmittelbarer Nachbarschaft der Kleinen Thermen lagen die Großen Thermen, deren Bau gegen Ende des 1. Jahr-

An der Wand der Umgangshalle um den Tempelbezirk ist eine Prozession römischer Männer, Frauen und Kinder dargestellt.

hunderts begonnen worden war. Diese Thermen standen allen Bewohnern und Gästen der römischen Stadt offen. Mit ihren mehr als 4000 Quadratmetern Fläche gehörten die Großen Thermen nördlich der Alpen zu den größten römischen Thermen. Diese Badeanlage ist zwar bestens erforscht, weil das lange unbebaute weitläufige Areal auf dem Lindenberg mehrere Grabungskampagnen möglich machte. Doch in den 1950er und 1960er Jahren wurde ein großer Teil des Areals der einstigen Römerstadt überbaut.

Der Gallorömische Tempelbezirk in Kempten ist in der einstigen Provinz Raetien singulär

Von der Größe der Kleinen Thermen einmal abgesehen: Thermen findet man auch anderswo im Gebiet der einstigen Provinz Raetien. Was aber den Römerpark Cambodunum ebenfalls einzigartig macht, ist sein Gallorömischer Tempelbezirk. Hinter einer langgestreckten L-förmigen Säulenhalle stößt man dort auf ein Dutzend Kultbauten aus Stein. Dabei handelt es sich – in der Sprache der Archäologen – um Nachbauten: Die Fundamente wurden ergraben, aber die Bauten auf den Fundamenten hat man antiken Vorbildern nachempfunden. Die Tempelchen und die Abgüsse von Altären belegen die religiöse Duldsamkeit des römischen Weltreiches in Bezug auf die Vielfalt seines Götterhimmels sowie die hohe „Durchlässigkeit" des Götter-

Ein Altar der gallorömischen Göttin Epona im Tempelbezirk belegt, dass hier Römer und romanisierte Kelten gleichermaßen ihren teils identischen, teils adaptierten Gottheiten opferten.

glaubens der Römer und romanisierter Völker, und zwar in beide Richtungen. Das belegen der Weihealtar und das steinerne Reiterbild der Göttin Epona aus dem 2. Jahrhundert. Diese keltische

Die Inschrift des Epona-Altars findet man – dort besser lesbar – auf einem Abguss in der Dauerausstellung im Tempelbezirk. In einem der Kultbauten stößt man auf ein Halbrelief des Gottes Merkur, den Römer wie Kelten gleichermaßen verehrten.

Ein Relief im Tempelbezirk des Römerparks Cambodunum stellt die von Kelten wie von Römern verehrte Pferdegöttin Epona dar.

Göttin der Fruchtbarkeit ist in der römischen Götterwelt insofern einzigartig, als sie keiner römischen Gottheit gleichgesetzt wurde. Auch ihren keltischen Namen haben die Römer unverändert übernommen. Epona wurde schließlich in weiten Teilen des Reiches und selbst in

Eine Statue im Gallorömischen Tempelbezirk zeigt Herkules (einen Sohn des Zeus, dem Herakles der Griechen). Den mit dem Zeus gleichgesetzten römischen Jupiter personifiziert in der Ausstellung eine Attasche, ein Teilchen der Halterung eines Bronzekrugs.

Die Ausstellung im Tempelbezirk zeigt, dass die Römer Statuetten, Inschriften auf Bronzeblechen und anatomische Plaketten opferten. Christen haben später diesen Brauch der Votivgabe übernommen.

Rom als Schutzgöttin der Pferde, Maultiere und Esel, der Reiter und der Fuhrleute verehrt. Im kleinen Merkurtempelchen auf dem Areal erfahren Besucher, dass dieser römische Gott auch von den Kelten besonders verehrt wurde. Die Kelten (Gallier) setzten Merkur offenbar mit dem keltischen Hauptgott Esus – dem Gott des Handels, der

Im Alltag der Römer war auf viele Gottheiten zu achten. Selbst Abwasserkanäle bedurften des Schutzes einer Göttin – Cloacina.

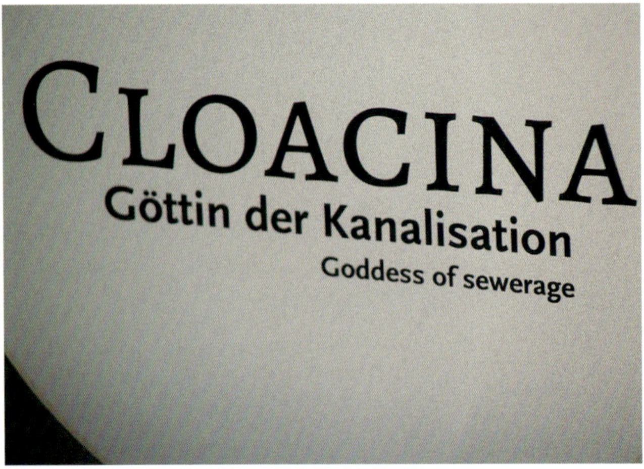

Eines von zahlreichen Details im Gallorömischen Tempelbezirk des Römerparks Cambodunum – ein steinerner Widderkopf.

Wege und des Reichtums – gleich. Während ein Halbrelief den Merkur in einem der kleineren Kultbauten im Tempelbezirk verkörpert, findet man die Figur des Herkules in einem der größeren Bauten: In einem Umgangstempel ist dieser Halbgott am Attribut des umgehängten Fells des vom ihm bezwungenen Nemeischen Löwen zu erkennen. Im Gallorömischen Tempelbezirk verehrten die Römer und Kelten sowohl ihre jeweiligen Götter als auch ihre gemeinsamen Gottheiten. Hier brachten sie ihnen ihre Opfergaben dar.

Die Dauerausstellung in der langgestreckten Säulenhalle des Gallorömischen Tempelbezirks zeigt eine Fülle von Kleinfunden, die in Kempten ergraben wurden. Sie informiert außerdem ausführlich zum weiten Götterhimmel der Römer. Wie sehr die Gottheiten den Alltag beeinflussten, belegt die Vielfalt der Götter, die neben den zwölf Hauptgöttern um den Blitzeschleuderer Jupiter zu verehren waren. Dass im Prinzip für jedwedes Vorhaben der Menschen eine Gottheit „zuständig" war, verdeutlicht die Tatsache, dass die Römer sogar eine Göttin der Kanalisation kannten: Ihr Name lautete „Cloacina".

Neben dem Archäologischen Park Cambodunum widmet sich in der Stadt Kempten noch eine zweite Einrichtung der Antike. In einer Ausstellung im Kempten-Museum im historischen Zumsteinhaus am Residenzplatz sind die Römer „Zu Gast im Zumsteinhaus".

Im Unteren Illertal, östlich des Bad Grönenbacher Ortsteils Zell, wurden 2021 die Grundmauern einer villa rustica ergraben.

An der antiken Illerstrasse: eine villa rustica in Bad Grönenbach

Auch ein römischer Gutshof bei Zell diente wohl der Versorgung der Soldaten am spätrömischen Limes

Von Cambodunum aus führte eine Straße östlich der Iller nordwärts zum römischen Grenzkastell Caelius Mons (Kellmünz), das um das Jahr 300 zur Sicherung der Illerlinie errichtet worden war. Auch im Illertal bildeten die an der Grenze stationierten Truppen einen sicheren Abnehmermarkt für die Erzeugnisse der Gutshöfe im Hinterland. Eine villa rustica wurde im Jahr 2021 nördlich des Zentrums der gut 20 Kilometer nordwestlich von Kempten gelegenen Unterallgäuer Marktgemeinde Bad Grönenbach (östlich des dortigen Gemeindeteils Zell) ergraben. Die villa rustica von Bad Grönenbach wird künftig zur Epoche der Römer informieren: Im Juni 2022 stimmte jedenfalls der Bau- und Umweltausschuss der Marktgemeinde Bad Grönenbach dem Bauantrag „Errichtung einer Lager- und Ausstellungscontaineranlage für das Bodendenkmal ‚Villa Rustica' in Dießlings [Gemarkung Zell]" zu. Im Unteren Illertal wurden etliche Spuren der Römer (1990 etwa eine villa rustica mit Fußbodenheizung bei Wolfertschwenden) und Relikte von Kleinkastellen (burgi) gefunden. An den antiken Gutshof bei Wolfertschwenden erinnert eine steinerne Inschriftentafel.

Im Archäologischen Park Caelius Mons und im Dorf Kellmünz findet man die massigen Mauerreste eines Kastells an der Iller.

Die Mauern eines Grenzkastells auf dem Hochufer der Iller

Der Archäologische Park Caelius Mons in Kellmünz erinnert an den Ausbau des spätrömischen Limes

Sogar der Name des Dorfes Kellmünz leitet sich vom Kastell Caelius Mons ab. Die dortigen Mauerreste – die zum Teil unter Gebäuden des Ortes über der Iller liegen – wurden im 19. Jahrhundert wiederentdeckt. Doch erst nach 1900 wurden sie systematisch ergraben. Das Grenzkastell Caelius Mons war ab der Zeit um das Jahr 300 im Zuge der Befestigung der Illerlinie unter den spätrömischen Kaisern Gaius Aurelius Valerius Diocletianus (kurz Diokletian, er regierte von 284 bis 305) und Maximianus Herculius (Mitregent von 286 bis 305) in mehreren Bauperioden errichtet worden. Der polygonale Grundriss dieses Kastells passte sich auf fast einem Hektar Fläche dem Areal auf dem östlichen Hochufer der Iller an. Nach Westen hin bot der Fluss, der etwa 35 Meter tiefer am Rand eines Steilhangs vorbeiströmt, natürlichen Schutz. Hinter bis zu drei Meter dicken Mauern und massigen Rundtürmen waren wohl noch bis im 5. Jahrhundert ungefähr 300 Soldaten stationiert. Ein 14 mal 26 Meter großer einschiffiger Hallenbau in dieser Festung, errichtet in der ersten Hälfte des 4. Jahrhunderts, diente der Unterbringung von römischen Amts-

Über restaurierten Mauern des Kastells von Kellmünz steht der kleine Museumsturm. Dort findet man Informationen zum Kastell.

und Würdenträgern, der Repräsentation sowie der Rechtsprechung. Dieser Hallenbau (aula) wurde später weitestgehend mit der Pfarrkirche St. Martin überbaut. Im Kirchhof und teilweise auch auf den Straßen im Dorf markieren heute Pflastersteine aus rotem Porphyr

In Kellmünz deutet die Pflasterung mit Steinen aus rotem Porphyr die Lage der im Boden verborgenen Mauern an – so wie hier im Kirchhof von St. Martin. Hellgraue Pflastersteine zeigen dagegen, wo im Kastellgelände überdachte Gebäude gestanden haben.

Den Torso einer römischen Skulptur sieht man in Kellmünz im Museumsturm, „römische" Kunst am Bau an einer nahen Brücke.

die Lage von überbauten Mauerfundamenten. Hellgrauer Granit zeigt an, wo im Kastell überdachte Bauwerke standen. Im Archäologischen Park Caelius Mons sieht man einen längeren Abschnitt der freigelegten Fundamente der Kastellmauer. Dort informiert zudem ein Museumsturm (mit festen Öffnungszeiten, Termine im Internet) zu Caelius Mons. Steine der Kastellmauer entdeckt man auch an der Kirchhofmauer von St. Martin an der Kirchstraße.

Als 1927 der Illerkanal bei Kellmünz ausgebaggert wurde, fand man Relikte einer Brücke der römischen Kaiserzeit (wohl 3. Jahrhundert). Ein Kunstobjekt an einer Brücke am Illerkanal deutet die geschwungene Form des Helmbusches (crista) auf einem Römerhelm an. Auf Funde aus Kellmünz stößt man im Stadtmuseum Memmingen.

Die imposanten Relikte der bis zu drei Meter dicken Mauern der Rundtürme zeugen davon, dass dieses Grenzkastell hoch über dem Steilufer der Iller ein recht sicherer Platz war. Noch im 5. Jahrhundert waren hier römische Truppen stationiert.

Die Römer in Oberbayern

Die römische Kultur und das römische Militär haben insbesondere in Westraetien – also in den beiden Städten Kempten und Augsburg sowie in deren Umland – bis heute sichtbare bauliche Spuren und zahllose Funde hinterlassen. Dasselbe gilt für das Donautal und die Orte am Limes. Doch auch am oberbayerischen Alpenrand hat man viel Römisches ergraben, Zeugnisse der römischen Infrastruktur sind freilich sehr viel seltener als an Lech, Iller und Donau. Im Werdenfelser Land aber stößt man auf ein bayernweit singuläres Bodendenkmal aus römischer Zeit: die Geleisestraße im Wald bei Klais.

Der Abschnitt einer Geleisestraße bei Klais ist ein für Bayern in diesem Umfang und in diesem Erhaltungszustand einzigartiges Denkmal römischer Straßenbautechnik. Es ist der Abschnitt einer antiken Route, die Verona mit Augsburg verband.

Geotop und „Geschichtsbuch“: die Geleise der Strasse bei Klais

200 Meter weit – Spurrillen römischer Fuhrwerke an der Römerstraße zwischen Verona und Augsburg

Südlich von Klais liegt ein gut erhaltener Abschnitt einer römischen Straße zwischen Verona und Augsburg. Diese Trasse war wohl entstanden, als Kaiser Septimius Severus in der Zeit um das Jahr 200 auf verbesserte römische Straßenbautechnik zurückgreifen und aus diesem Grund den Vorteil der kürzeren Brennerroute nutzen konnte. Bis dahin hatten die Römer die Alpen in Richtung der Provinzhauptstadt Augusta Vindelicum über den Fernpass überquert. (Noch im Zeitalter der Fugger und Welser nutzten Augsburger Handelshäuser diese beiden antiken Transportrouten für ihren Italienhandel.)

Die neue, kürzere Römerstraße hat im Gestein südlich des Dorfes Klais (ein Ortsteil der Gemeinde Krün nahe Garmisch-Partenkirchen) bayernweit nahezu einzigartige Spuren des römischen Verkehrswegenetzes hinterlassen. Nur auf dem (kürzeren) Abschnitt der Römerstraße bei Buchenberg nahe Kempten haben sich ähnliche Geleise in

Es ist ein Spaziergang durch den Wald und in die Zeit der Römer: Auf einer Länge von 200 Metern kann man den Geleisen des römischen Fuhrwegs bei Klais folgen. Die jahrhundertelange Befahrung mit Fuhrwerken hat die Karrenspuren im Gestein vertieft.

den Fels gegraben. Solche Spurrillen wurden vermutlich zuerst aus dem Gestein gehauen. Im Lauf der folgenden Jahrhunderte wurden die Geleise durch die Räder zahlloser Fuhrwerke weiter vertieft. Nur

Durch seine Lage im Wald blieb dieses Straßenstück gut erhalten. Wo sich der Blick auf längere Abschnitte auftut, kann man noch heute erahnen, warum sie den Fuhrleuten eine große Hilfe waren.

Die Römerstraße bei Klais verläuft auf dem freiliegenden Kalkstein sogenannter Raibler Schichten. Das Bayerische Landesamt für Umwelt (LfU) hat diesen Streckenabschnitt als wertvolles und überregional bedeutendes Geotop eingestuft.

aufgrund der offenbar normierten Spurbreiten römischer Fuhrwerke waren solche Geleise überhaupt sinnvoll. Eine Hilfe für Fuhrleute waren diese Spurrillen auf stark abschüssigen Streckenabschnitten, wo steile Anstiege und Abhänge bewältigt werden mussten. Durch diese Vertiefungen im nackten Fels waren die Wagenräder fixiert: Damit wurde verhindert, dass ein schwer beladener Karren zur Seite hin ausbrechen und abstürzen konnte. Der im Jahr 1972 ergrabene Abschnitt der Geleisestraße im Wald bei Klais ist etwa 200 Meter weit zu begehen. Man vermutet, dass sich der Name des Dorfes im Werdenfelser Land einst von den römischen Geleisen abgeleitet hat. Später hat der Wald die Römerstraße freilich lange überdeckt – ein Glücksfall: Denn so blieb das Denkmal römischer Straßenbautechnik unbeeinträchtigt erhalten. Dieses Straßenstück soll zur sogenannten Via Raetia gehört haben – ein Name, der jedoch nicht belegt ist.

Klais liegt wenige Kilometer von Garmisch-Partenkirchen entfernt. Auch die überlieferte Geschichte Partenkirchens begann letztlich mit den Römern. An diesem Ort lag wohl eine römische Straßenstation: Ihr Name war Partanum. Dieses Partanum entstand vermutlich im 2. Jahrhundert: Ein Abzweig der (namentlich belegten) Via Claudia führte vom Brenner her ins heutige Werdenfelser Land.

Eine Illustration im Römermuseum Bedaium zeigt das Kastell am Chiemseeufer: Das römische Bedaium lag an der Fernstraße zwischen Salzburg und Augsburg an einer Brücke über die Alz.

Kastell am Ufer des Chiemsees: Bedaium sicherte eine Brücke

Die Exponate im Römermuseum Bedaium und ein Stück Kastellmauer erinnern an den antiken Ort

Am nördlichen Ufer des Chiemsees entstand das römische Bedaium: Es war die Keimzelle des heutigen Seebruck (Gemeinde Seeon-Seebruck im oberbayerischen Landkreis Traunstein). Dort sicherte ein Kastell eine Brücke an der Fernstraße zwischen den Römerstädten Iuvavum (Salzburg) und Augusta Vindelicum (Augsburg): Sie lag an jener Stelle, an der die Alz aus dem See austritt. Einen bildhaften Rekonstruktionsversuch dieses Kastells und des Lagerdorfes beiderseits der Brücke sieht man im Seebrucker Römermuseum Bedaium. Etwa 500 Grabungsfunde aus Bedaium – von der nachempfundenen Legionärsrüstung bis hin zum Fassbrunnen, der die Trinkwasserversorgung der Römer in Bedaium vermittelt – werden ausgestellt.

Im Ort ist bei der Pfarrkirche St. Thomas und Stephan ein rekonstruierter Abschnitt der Kastellmauer zu finden: Der Unterbau des Kirchturms entstand großteils aus Spolien des Kastells. Wiederentdeckt wurden diese Quader 1843, als man den Turm renovierte.

Das Oberammergau Museum präsentiert die Spuren eines Kampfes zwischen Römern und Raetern auf dem Döttenbichl – die ältesten datierbaren Römerfunde in Bayern.

Wenige Steine, viele Daten

Die Archäologischen Staatssammlungen München und ein Webportal mit römischen Funden aus ganz Bayern

Das Internetportal des Freistaats Bayern zur Präsentation von Kunst-, Kultur- und Wissensschätzen aus Einrichtungen in Bayern – „bavarikon" – hält fest: „Die römische Kultur konnte sich durch Stadtgründungen in z.B. Kempten, auf dem Auerberg (Lkrs. Weilheim-Schongau/Ostallgäu) und Salzburg punktuell etablieren. Ein tiefgreifender Romanisierungsprozess, wie etwa am Rhein, fand jedoch nicht statt." Und des Weiteren heißt es dort: „Auf dem Land folgten Wirtschaftsweise und Hausbau weiterhin spätkeltischen Mustern. Die Steinbautechnik wurde nur vereinzelt adaptiert. Nur im Umfeld der Provinzhauptstadt Augusta Vindelicum (Augsburg) entstanden reich ausgestattete suburbane Villen." Dementsprechend sind antike bauliche Relikte am oberbayerischen Alpenrand (von Ausnahmen wie der villa rustica bei Starnberg-Leutstetten abgesehen) – anders als im dichter besiedelten und früh urbanisierten Westraetien, an der Donau und am Limes – dünn gesät. Doch auch am östlicheren Alpenrand und im oberbayerischen Alpenvorland hat die Erde viele Funde aus der Epoche der Römer freigegeben. Einen Überblick über Relikte aus Oberbayern vermittelt die Archäologische

Bei den Archäologischen Staatssammlungen in München sind Grabungsfunde aus ganz Bayern zu sehen – eine Statue des Mars in Feldherrenrüstung aus dem Donaukastell Abusina bei Eining ebenso wie ein Weihealtar aus Obernburg am Main (Unterfranken).

Staatssammlung München im Museumsbau am Englischen Garten (Lerchenfeldstraße 2). Grabungsfunde aus ganz Bayern sind dort konzentriert. Die ältesten datierbaren Römerfunde Bayerns zeigt jedoch eine Frühgeschichtsausstellung im Oberammergau Museum. Dort belegen die Kampfspuren vom Döttenbichl bei Oberammergau, dass hier im Jahr 15 v. Chr. die 19. römische Legion durchgezogen war. Diese Legion wurde 9 n. Chr. in der legendären Varusschlacht im Teutoburger Wald aufgerieben.

Das Webportal „bavarikon“: ein virtueller Museumsbesuch – und zwar bayernweit

Das Internetportal „bavarikon" (www.bavarikon.de) stellt Objekte der Archäologischen Staatssammlung aus der Zeit der Römer virtuell mit Bild, Kurzbeschreibung und Informationen zu ihren Fundorten – vom Auerberg bis zu Weißenburg – sowie zur Entstehungszeit vor. Im „bavarikon" präsentieren bayerische Kultureinrichtungen zudem herausragende Objekte ihrer Sammlungen als 3-D-Digitalisate. Das von der Bayerischen Staatsbibliothek in München redaktionell und technisch betreute „bavarikon" ermöglicht einen „Museumsbesuch" per Bildschirm: bequem, beeindruckend – und bayernweit.

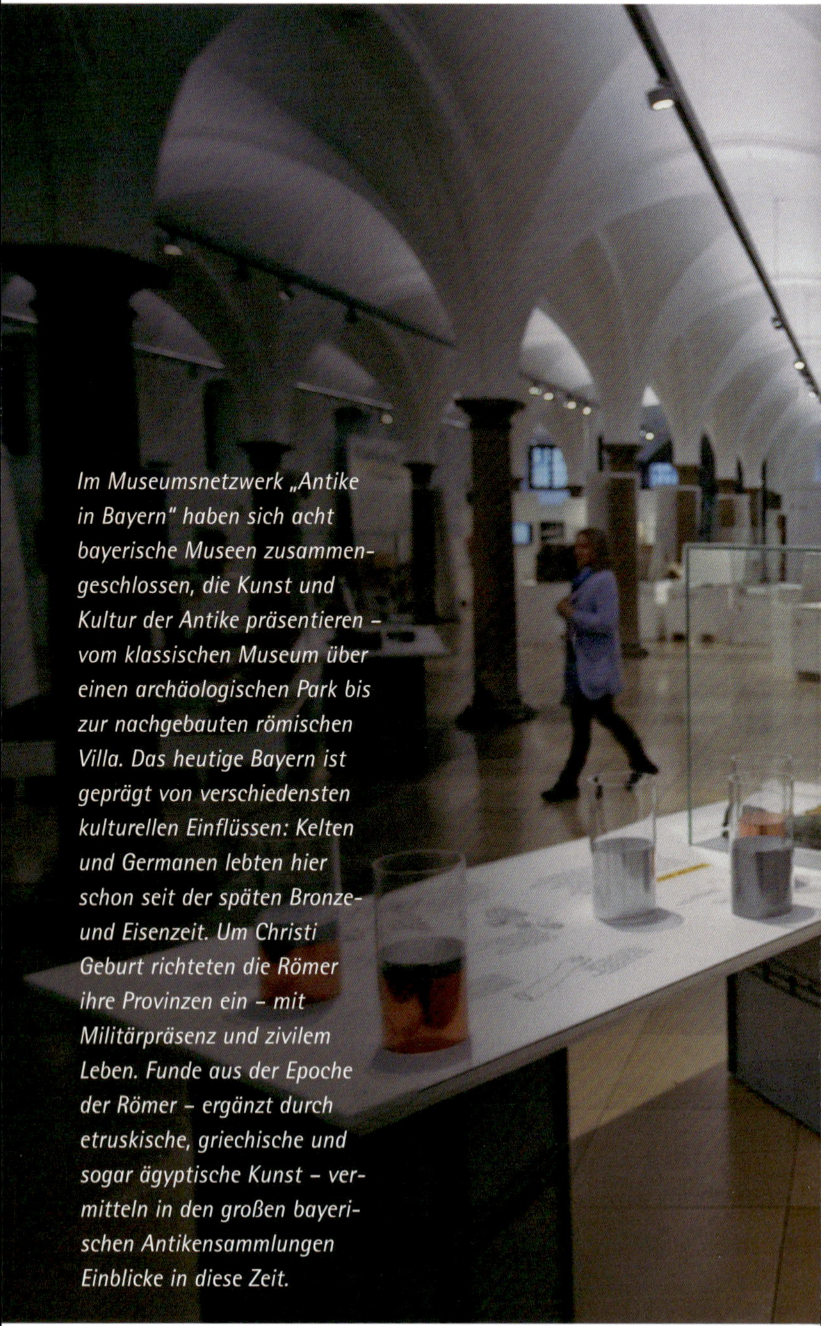

Im Museumsnetzwerk „Antike in Bayern" haben sich acht bayerische Museen zusammengeschlossen, die Kunst und Kultur der Antike präsentieren – vom klassischen Museum über einen archäologischen Park bis zur nachgebauten römischen Villa. Das heutige Bayern ist geprägt von verschiedensten kulturellen Einflüssen: Kelten und Germanen lebten hier schon seit der späten Bronze- und Eisenzeit. Um Christi Geburt richteten die Römer ihre Provinzen ein – mit Militärpräsenz und zivilem Leben. Funde aus der Epoche der Römer – ergänzt durch etruskische, griechische und sogar ägyptische Kunst – vermitteln in den großen bayerischen Antikensammlungen Einblicke in diese Zeit.

Museumsnetzwerk
Antike in Bayern

Archäologischer Park Cambodunum (APC)

Cambodunum ist die älteste schriftlich erwähnte römische Stadt Deutschlands. Der APC schützt und präsentiert heute deren Überreste. Ein Rundweg mit interaktiven Stelen sowie die Ausstellungen im Gallorömischen Tempelbezirk und in den Kleinen Thermen geben spannende Einblicke in den Alltag der Menschen vor 2000 Jahren.

Archäologischer Park Cambodunum (APC)

Cambodunumweg 3, 87437 Kempten (Allgäu)
0831 2525-1716 (Di. – So.)
museen@kempten.de
www.apc-kempten.de
apc.kempten.offiziell
apc.kempten
ArchaeologischerParkCambodunum

Martin von Wagner Museum der Universität Würzburg

1859 hervorgegangen aus dem Nachlass des Würzburger Bildhauers, Malers und Kunstagenten der bayerischen Krone, Martin von Wagner, zeigt die Antikensammlung einen facettenreichen Fundus von Objekten der Kleinkunst aus Ägypten, Griechenland, Etrurien sowie dem Imperium Romanum.

Martin von Wagner Museum der Universität Würzburg
Antikensammlung

Residenzplatz 2, Tor A, 97070 Würzburg
0931 3182283
mvw-museum@uni-wuerzburg.de
www.martinvonwagner-museum.com
mvwmwue
mvwmwue

Pompejanum Aschaffenburg

Als König Ludwig I. das Pompejanum in Aschaffenburg von 1840 bis 1848 erbauen ließ, hatte er das berühmte Haus der Dioskuren in Pompeji vor Augen. Das Idealbild eines römischen Wohnhauses vereint antike Architektur, farbige Fresken und prächtige Mosaike. Die Innenausstattung mit berühmten Kunstwerken stammt aus dem Bestand der Staatlichen Antikensammlungen und der Glyptothek in München.

Pompejanum Aschaffenburg

Pompejanumstraße 5, 63739 Aschaffenburg

06021 218012

sgvaschaffenburg@bsv.bayern.de

www.schloesser.bayern.de/deutsch/schloss/objekte/as_pom.htm

Antikensammlungen Glyptothek,bayerische.schloesserverwaltung

antikensammlungenglyptothek

Staatliche Antikensammlungen und Glyptothek München

Die Museen am Münchner Königsplatz präsentieren eine umfangreiche Sammlung zum antiken Griechenland, zu den Etruskern und Römern im Mittelmeerraum. Die Glyptothek ist mit der Ausrichtung speziell auf antike Skulptur weltweit einzigartig. Die Antikensammlungen zeigen feinste Keramik, Glas, Statuetten und Goldschmuck.

Staatliche Antikensammlungen und Glyptothek München
Königsplatz 1 und 3, 80333 München
089 28927502
info@antike-am-koenigsplatz.mwn.de
www.antike-am-koenigsplatz.mwn.de
antikensammlungenglyptothek
antikensammlungenglyptothek
AntikensammlungenGlyptothek München

Archäologische Staatssammlung

Spätestens 2024 wird die Archäologische Staatssammlung nach der Generalsanierung eröffnet. In der zukünftigen Dauerausstellung präsentiert sie spektakuläre Funde aus sämtlichen Epochen der frühen Menschheitsgeschichte aus ganz Bayern – von der Steinzeit bis zu den Römern, über das Mittelalter bis hin zur frühen Neuzeit. Das „Abenteuer Archäologie“ wird dann in zwölf neu gestalteten Räumen mit allen Sinnen erlebbar sein.

Archäologische Staatssammlung
Lerchenfeldstraße 2, 80538 München
089 12599691-0
info@archaeologie.bayern
www.archaeologie-bayern.de
asm.muc
asm.muc

MUSEEN WEISSENBURG

Die archäologischen Denkmale und das RömerMuseum Weißenburg zeigen das Leben im römischen Weißenburg: im Reiterkastell Biriciana (mit imposantem Nachbau des Nordtors), in luxuriösen Thermen oder im vicus (Zivilsiedlung). Zudem sieht man einen der größten Römerschätze Deutschlands mit bronzenen Götterfiguren und silbernen Votivblechen. Seit 2005 ist Biriciana Teil des UNESCO-Welterbes Obergermanisch-Raetischer Limes.

Museen Weißenburg
Martin-Luther-Platz 3-5 | 91781 Weißenburg i. Bay.
09141 907189
museum@weissenburg.de
www.museen-weissenburg.de/de/unsere-museen/roemermuseum
RoemerMuseum
roemermuseum_weissenburg

KELTEN RÖMER MUSEUM MANCHING

Das Oppidum von Manching war mit 380 Hektar Fläche eine der größten eisenzeitlichen Siedlungen Mitteleuropas und eine bedeutende Handelsmetropole. Archäologische Funde wie ein geheimnisvolles Kultbäumchen und bunter Glasschmuck belegen den regen Austausch mit anderen Kulturen. Aus der Zeit um 100 n. Chr. stammen die besterhaltenen römischen Kriegsschiffe nördlich der Alpen.

kelten römer museum manching
Im Erlet 2, 85077 Manching
08459 32373-0
info@museum-manching.de
www.museum-manching.de
keltenroemermuseum
keltenroemermuseummanching
kelten römer museum manching

„Römerlager – Das römische Augsburg in Kisten“

Sieben Ausstellungsbereiche illustrieren römisches Leben: darunter das Militärlager Augsburg-Oberhausen mit Waffen und Rüstungsteilen, das römische Straßennetz durch eine sieben Meter lange Abbildung der Tabula Peutingeriana und den Handelsplatz Augusta Vindelicum mit einem Goldmünzenschatz, Gott Merkur und fast 1800 Jahre alten hölzernen Überresten einer Schiffsanlegestelle.

Römerlager im Zeughaus

Zeugplatz 4, 86150 Augsburg
0821 324-4131
roemisches.museum@augsburg.de
www.kmaugsburg.de/roemisches-museum
museenaugsburg
museen_augsburg

Fast ein halbes Jahrtausend herrschten die Römer über Teile des heutigen Bayerns und prägten einen wichtigen Teil der bayerischen Landesgeschichte. Die Spuren des Römischen Reichs sind auch heute noch überaus präsent: Topographisch umfassen die Zeugnisse der römischen Epoche knapp ein Drittel des bayerischen Staatsgebietes. Und Städte wie Augsburg und Kempten als erste Hauptstädte auf bayerischem Boden tragen römische Namen. Die frühesten urbanen Strukturen Bayerns konzentrieren sich zwischen Lech, Bodensee und Donau, während sich das raetische Limesgebiet in Mittelfranken, Oberbayern, Niederbayern und der Oberpfalz als stark militarisierte Zone präsentiert, die zeigt, dass wir in einer ehemaligen Grenzprovinz des Imperiums leben. Bezüge zu unserer globalisierten Welt sind dabei unübersehbar: Seit 2021 sind alle bayerischen Limesabschnitte Teil des UNESCO-Welterbeclusters „Grenzen des Römischen Reiches", der sich derzeit von der schottischen Westküste bis nach Iža in der Slowakei erstreckt. In Bayern nehmen Sie zahlreiche Museen und konservierte Bodendenkmäler mit auf eine vielfältige Entdeckungsreise durch unsere reichhaltige römische Vergangenheit, entlang des Limes ebenso wie im Zentrum der Provinz Raetien.

Ich wünsche diesem Buch viele interessierte Leserinnen und Leser, die sich von der Begeisterung für die römische Antike anstecken lassen. Machen Sie sich auf, die Schauplätze unserer römischen Vergangenheit zu erkunden – draußen am Denkmal ebenso wie in den zahlreichen Museen.

Markus Blume
Bayerischer Staatsminister für Wissenschaft und Kunst

Wir danken

Für Auskünfte, Hinweise und/oder Überlassung von Bilddaten dankt der Verlag Simone Aurnhammer (Grundschule Wolferstadt), Uli Berktold (Bad Hindelang), Angela Bonhag (Mering), Peter Ernst (Auerbergmuseum Bernbeuren), Peter Ferber (Stadt Monheim), Dr. Sebastian Gairhos (Stadtarchäologie Augsburg), Helmut Gehlert (Auerbergmuseum Bernbeuren), Albert Gosse (Verein Römerbad Kohlhunden), Manfred Hahn (Römisches Museum Augsburg), Andrea Kugler (Stadtmuseum Nördlingen), Markus Martin (Museum Abodiacum), Dr. Renate Miller-Gruber (Günzburg), Dr. Matthias Pausch (Limeseum Ruffenhofen), Dr. Johannes Schießl (Archäologischer Park Cambodunum), Thomas Schwarz (Heimat- und Verschönerungsverein Bad Grönenbach), Dr. Maike Sieler (Archäologischer Park Cambodunum), Ulrike Steger (Stadt Donauwörth), Claudia Stougard (Römer und Bajuwaren Museum Kipfenberg) sowie den beiden Fotografen Thomas Baumgartner (Augsburg) und Wolfgang B. Kleiner (Neusäß).

Quellen (Auswahl)

Arnold-Becker, Alice: Glanzvoll. Das neue Museum im Wittelsbacher Schloss Friedberg, S. 132 –139, Friedberg 2019.

Bakker, Lothar: Siedlungsgeschichte und Archäoloie in Augusta Vindelicum/Augsburg, in: Augsburger Stadtlexikon, Augsburg 1998[2], S. 29 – 39.

Bakker, Lothar; Gottlieb, Gunther; Kuhoff, Wolfgang: jeweils Aufsätze im Kapitel Römisches Augsburg, in: Geschichte der Stadt Augsburg, Stuttgart 1985[2].

Bayerisches Landesamt für Denkmalpflege (Hrsg.): Die Römer in Schwaben. Jubiläumsausstellung 2000 Jahre Augsburg – Arbeitsheft 27 des Bayerischen Landesamtes für Denkmalpflege, München 1985.

Blendinger, Friedrich; Zorn, Wolfgang (Hrsg.): Augsburg. Geschichte in Bilddokumenten, München 1976.

Czysz, Wolfgang; Dietz, Karlheinz; Fischer, Thomas: Die Römer in Bayern, Stuttgart 2000.

Deutsche Limeskommission; Verein Deutsche Limes-Straße; Bayerisches Landesamt für Denkmalpflege; Landesvermessungsamt Baden-Württemberg (Hrsg.): Obergermanisch-Raetischer Limes in Bayern. Von Mönchsroth bis Eining an der Donau. Karte 1:50 000, Regensburg 2008.

Fischer, Thomas; Riedmeier-Fischer, Erika: Der römische Limes in Bayern: Geschichte und Schauplätze entlang des UNESCO-Welterbes, Regensburg 2008.

Fischer, Veronika: Die mittelkaiserzeitliche Donaugrenze in Raetien. Die Ripa Danuvii Provinciae Raetiae, in: Der Limes 14/2020 Heft 2, https://www.deutsche-limeskommission.de/fileadmin/user_upload/Nachrichtenblatt_der_DLK/Der-Limes_02_2020.pdf (letzter Aufruf: 12.01.2023).

Freitag, Matthias: Kleine Regensburger Stadtgeschichte, Regensburg 2004.

Freutsmiedl, Johannes: Bayerns Sprung in die Geschichte, Stuttgart 2009.

Gairhos, Sebastian; Hartmann, Andreas; Ortisi, Salvatore; Weber, Gregor (Hrsg.): Das römische Augsburg. Militärplatz, Provinzhauptstadt, Handelsmetropole, Darmstadt 2022.

Hagen von, Bernt; Wegener-Hüssen, Angelika: Denkmäler in Bayern. Stadt Augsburg, München 1994.

Herz, Andreas: Wie Augsburgs unglaubliches Römer-Erbe in Kisten verstaubt, in: BR 24, 10.06.2022, https://www.br.de/nachrichten/bayern/wie-augsburgs-unglaubliches-roemer-erbe-in-kisten-verstaubt,T8Fld1T (letzter Aufruf: 12.01.2023).

Jachmann, Julian: Die Kunst des Augsburger Rates 1588–1631. Kommunale Räume als Medium von Herrschaft und Erinnerung, München/Berlin 2008.

Kellner, Hans-Jörg: Die Römer in Bayern, München 1971.

Kluger, Martin: Das Renaissancerathaus und der Goldene Saal in Augsburg. 1620 – 2020, Augsburg 2020.

Kluger, Martin: Die Fugger in Augsburg. Geschäfte mit Kirche und Kaiser, Augsburg 2020.

Kluger, Martin: Nationaler Geopark Ries: Landschaft. Geschichte. Kultur., Augsburg 2019.

Kluger, Martin: Augsburgs historische Wasserwirtschaft. Der Weg zum UNESCO-Welterbe, Augsburg 2015.

May, Andrea; Pausch, Matthias (Hrsg.): Limes, Land und Leute: Der raetische Limes in Mittelfranken (Schriften aus dem LIMESEUM Ruffenhofen), Oppenheim am Rhein 2021.

Matešić, Suzanna (Deutsche Limeskommission); Sommer, C. Sebastian (Bayerisches Landesamt für Denkmalpflege): Am Rande des Römischen Reiches. Ausflüge zum Limes in Süddeutschland, Mainz 2015.

Nitsch, Gudrun: Archäologisches Heimatmuseum Gablingen, Gabligen o.J.

o.A.: Archäologische Funde der Römerzeit, in: Bayerische Staatsbibliothek (Geschäftsführung): bavarikon, https://www.bavarikon.de/object/bav:BSB-CMS-0000000000002230 (letzter Aufruf: 07.03.2023).

Obmann, Jürgen u.a.: Limesentwicklungsplan Baden-Württemberg. Schutz, Erschließung und Erforschung des Welterbes, Esslingen 2007, https://www.denkmalpflege-bw.de/fileadmin/media/denkmalpflege-bw/publikationen_und_service/01_publikationen/05_online-publikationen/05_limesentwicklungsplan/Limesplan.pdf (letzter Aufruf: 07.03.2023).

Raiser, Johann Nepomuck Franz Anton von: Der Ober-Donau-Kreis des Königreichs Bayern unter den Römern, S. 86, Augsburg 1831.

Schmid, Gudrun (mit Beiträgen von L. Bakker und I. Tamerl): Trentelberg und Fürsaumfeld bei Gablingen – eine römische Siedlungsstelle nördlich der Provinzhauptstadt. Hrsg. vom Arbeitskreis für Vor- und Frühgeschichte im Heimatverein für den Landkreis Augsburg e.V., Augsburg 2010.

Schmitter, Niccolò: Wie Römerstraßen zu Wohlstand führten (Süddeutsche Zeitung, 29.11.2022), https://www.sueddeutsche.de/wissen/roemerstrasse-wohlstand-europa-antike-1.5705013 (letzter Aufruf: 12.01.2023).

Sommer, C. Sebastian: Archäologie in Bayern – Fenster zur Vergangenheit, Regensburg 2006.

Stadt Regensburg; Freitag, Matthias (stark gekürzt nach der „Kleinen Regensburger Stadtgeschichte"): Regensburg in der Antike, https://www.regensburg.de/buergerservice/stadtgeschichte/regensburg-in-der-antike (letzter Aufruf: 12.01.2023).

Universität Regensburg/Lehrstuhl Latein: Castra Regina. Das römische Legionslager, www.uni-regensburg.de/sprache-literatur-kultur/lateinische-philologie/fotos/castra-regina/index.html (letzter Aufruf: 12.01.2023).

Waldherr, Gerhard H.: Auf den Spuren der Römer – ein Stadtführer durch Regensburg, Regensburg 2001.

Waldmüller, Rupert: Wiege der Stadtkultur in Bayern: Neue Römerfunde in Kempten, in: BR 24, 27.10.2022, https://www.br.de/nachrichten/bayern/wiege-der-stadtkultur-in-bayern-neue-roemerfunde-in-kempten,TLCCYHK (letzter Aufruf: 12.01.2023).

Weber, Gerhard; Faber, Andreas: Cambodunum – Kempten. Erste Hauptstadt der römischen Provinz Raetien?, Mainz 2000.

Hilfreiche Webseiten bei der Suche römischer Spuren in Bayern:
- www.deutsche-limeskommission.de
- www.bavarikon.de (Archäologische Funde der Römerzeit)
- www.rom-in-deutschland.de
- www.alpenrand-in-roemerhand.de

Museen[Kempten]

ARCHÄOLOGISCHER PARK
CAMBODUNUM

Erleben Sie den Römerpark in Kempten

APC

@apc.kempten
facebook.com/kemptenkultur
www.apc-kempten.de

Cambodunumweg 1
87437 Kempten (Allgäu)

1. März – 30. November
Dienstag bis Sonntag: 10 – 17 Uhr

Bildnachweis

Fotografie Titel: Martin Kluger
Fotografie Rücktitel: Martin Kluger (4)
Fotografie Inhalt: alle Aufnahme von Martin Kluger mit Ausnnahme von
Thomas Baumgartner: S. 246/247, S. 248, S. 249 (3), S. 250
Angela Bonhag: S. 107
Manfred Eberlein: S. 262 (2/ u.r.)
Peter Ferber: S. 126 (1/o.)
Michael Heinrich: S. 262 (2/o. und u.l.)
Karl Jena: S. 256 (1/o)
Christina Kiefer: S. 257 (2/o. und u.r.)
Wolfgang B. Kleiner: S. 24 (1/o.), S. 26 (1/u.), S. 59 (1/o.), S. 59 (1/o.), S. 143 (1/o.), S. 203 (1/u.), S. 228
Hannah Kluger: S. 58, S. 59 (1/u.), S. 117, S. 129
Patrick Kluger: S. 148, S. 149
Petra Kluger: S. 155, S. 159 (1/u.), S. 164, S. 165, S. 254/255
Kunstsammlungen und Museen Augsburg, Archäologisches Zentraldepot, Foto Andreas Brücklmair: S. 12
Nicole Mielek: S. 212 (2), S. 213
Renate Miller-Gruber: S. 143 (1/u.), S. 144
Peter Neckermann: S. 157 (1/u.M.)
Karl Öhrlein: S. 157 (1/u.r.)
Daniel Reißner: S. 168 (1/o.)
Thomas Schwarz: S. 242
Florian Trykowski: S. 238 (1/o.)
Archäologische Staatssammlung/Manfred Eberlein: S. 260 (1/u.r.)
Archäologische Staatssammlung/Stefanie Friedrich: S. 260 (1/u.l.)
Archäologische Staatssammlung/Konrad Rainer: S. 260 (1/u.M.)
Gäubodenmuseum Straubing: S. 168 (1/u.)
Kulturamt Kempten, Foto Roger Mayrock: S. 256 (1/u.r.)
Kulturamt Kempten, Foto Matthias Tunger: S. 256 (1/u.l.)
Kunstsammlungen und Museen Augsburg: S. 263 (2/u.l. und u.r.)
Limeseum Ruffenhofen: S. 183 (1/u.)
Museen Weißenburg/Katharina Heinrich: S. 261 (1/u.r.)
Museen Weißenburg/Peter Nörr: S. 261 (1/u.l.)
Museen Weißenburg/S. Sulk: S. 161 (1/o.)
Nieto Sobejano Arquitectos: S. 260 (1/o)
Oberammergau Museum/Anton Brandl: S. 252
RömerMuseum Weißenburg: S. 205
Römisches Museum Augsburg: S. 263 (1/o.)
Staatliche Antikensammlungen und Glyptothek München/Renate Kühling: S. 159 (3)
Stadtmuseum Nördlingen: S. 125 (1/u.)
Grundschule Wolferstadt: S. 127 (1/u.)
Wikimedia Commons: Wolfgang Sauber/CC BY-SA 3.0/CC BY-SA 2.5/CC BY-SA 2.0/CC BY-SA 1.0 (S. 24/u.), Rosa-Maria Rinkl/CC BY-SA 4.0 (S. 25/u.), Catullus/CC BY-SA 3.0 (S. 36), Mediatus (H.J.)/ CC-BY-SA-3.0 & GFDL (S. 55, S. 145), Dede2/CC0 1.0 (S. 159/o.), Heinrich Stürzl/CC BY-SA 3.0/CC BY-SA 2.5/CC BY-SA 2.0/CC BY-SA 1.0 (S. 224/o., S. 225/2), Richard Mayer/CC BY-SA 3.0 (S. 230/o.l., S. 245/o.r.), Bene16/CC BY-SA 3.0/ CC BY-SA 2.5/CC BY-SA 2.0/CC BY-SA 1.0 (S. 245/o.l.), Wolfgang Sauber/CC BY-SA 4.0 (S. 251), Mediatus (H.J.)/CC-BY-SA-3.0 & GFDL (S. 252), Rufus46/CC BY-SA 3.0 (S. 253/2), Salino01/CC0 1.0 Universell (S. 258/o.), Maulaff/CC BY-SA 3.0 (S. 258/u.l.), Reinhard Dietrich/CC BY-SA 3.0 (S. 258/u.r.)
Alle Karten: context verlag Augsburg | Nürnberg

Sollten Aufnahmen in diesem Werk trotz sorgfältiger Recherche Urheberrechte Dritter berühren oder verletzen, so bitten wir um Benachrichtigung an den Verlag, damit entsprechend einer Lizenzanalogie ein angemessenes Honorar vereinbart werden kann.

Impressum

Die Römer zwischen Alpenrand und Limesland.
Die römische Provinz Raetien:
Keimzelle des Kulturlandes Bayern
Martin Kluger

context verlag Augsburg | Nürnberg
ISBN 978-3-946917-43-4
1. Auflage, Oktober 2023

Grafik und Produktion:
context verlag Augsburg | Nürnberg

Lektorat:
Candida Sisto
Sandra Riedmüller
Jessica Münderlein

Umschlaggestaltung:
Nicole Mielek

Druck:
Senser Druck GmbH, Augsburg

Bibliografische Information
der Deutschen Nationalbibliothek:

Die Deutsche Nationalbibliothek verzeichnet diese Publikation in der Deutschen Nationalbibliografie, detaillierte bibliografische Daten sind im Internet über http://dnb.d-nb.de abrufbar.